中国企业的创新道路
特色实践与政策演进

陈志　苏楠　朱焕焕　等著

中国社会科学出版社

图书在版编目（CIP）数据

中国企业的创新道路：特色实践与政策演进 / 陈志等著. —北京：中国社会科学出版社，2020.6
ISBN 978-7-5203-7021-9

Ⅰ.①中⋯ Ⅱ.①陈⋯ Ⅲ.①企业创新—研究—中国 Ⅳ.①F279.23

中国版本图书馆 CIP 数据核字（2020）第 151568 号

出 版 人	赵剑英
责任编辑	姜阿平
责任校对	韩海超
责任印制	张雪娇

出　　版	中国社会科学出版社
社　　址	北京鼓楼西大街甲 158 号
邮　　编	100720
网　　址	http://www.csspw.cn
发 行 部	010-84083685
门 市 部	010-84029450
经　　销	新华书店及其他书店

印刷装订	北京市十月印刷有限公司
版　　次	2020 年 6 月第 1 版
印　　次	2020 年 6 月第 1 次印刷

开　　本	710×1000　1/16
印　　张	10.25
插　　页	2
字　　数	190 千字
定　　价	68.00 元

凡购买中国社会科学出版社图书，如有质量问题请与本社营销中心联系调换
电话：010-84083683
版权所有　侵权必究

目 录

第一章　中国企业创新道路的基本认识 ……………………（1）
 第一节　中国企业创新的特点与路径 ………………………（1）
 第二节　中国企业创新路径的成因 …………………………（6）
  一　中国特色企业创新之路形成的必然性 …………………（6）
  二　中国企业特色创新之路形成的特殊性 …………………（8）

第二章　中广核：从"引进来"到"走出去"的标杆 …………（9）
 第一节　中国核电产业的发展历程 …………………………（9）
 第二节　中广核的创新之路 …………………………………（11）
  一　从"零资本"起步 ………………………………………（11）
  二　从技术引进者迈向世界能源巨头 ………………………（12）
  三　"走出去"推动中国跻身核电技术输出国 ………………（13）
 第三节　中广核技术创新模式的经验 ………………………（14）
  一　坚持利用全球创新资源和市场 …………………………（14）
  二　通过全面创新将引进技术内化为自身创新能力 ………（15）
  三　重视激励人才这一第一创新资源 ………………………（17）
  四　构建技术创新生态体系实现真正的自主创新 …………（18）
 第四节　中广核创新发展的启示与思考 ……………………（19）

第三章 比亚迪：以核心技术为基础的跨行业连续创业 …………（22）

第一节 比亚迪新能源汽车创新发展概况 ………………………（22）

第二节 比亚迪新能源汽车创新路径 ……………………………（25）

  一 基于逆向研发与技术跨产业应用相结合，成为新能源汽车产业先行者（2003—2009 年）………………………（25）

  二 基于产业链关键优势环节的集成创新，成就产业引领者（2010—2017 年）……………………………………（27）

  三 基于构架创新建立开放创新生态，打造产业颠覆者（2018 年至今）………………………………………（29）

第三节 比亚迪新能源汽车创新特点 ……………………………（31）

  一 长线投入攻克关键核心技术 …………………………（31）

  二 多模式创新协同获取竞争优势 ………………………（33）

  三 以核心技术创新为基础连续创业 ……………………（35）

第四节 比亚迪创新发展的启示与思考 …………………………（37）

  一 创新是企业家精神的核心要素 ………………………（37）

  二 有效政策设计为企业创新提供保障 …………………（38）

  三 激发企业动力，提升产业基础能力 …………………（40）

第四章 沈阳新松：中国科研院所技术创业的典范 ………………（43）

第一节 新松公司发展历程 ………………………………………（43）

  一 初创阶段（2000—2004 年）…………………………（44）

  二 成长阶段（2004—2008 年）…………………………（44）

  三 快速发展阶段（2009—2015 年）……………………（45）

  四 拓展融合阶段（2016 年至今）………………………（46）

第二节 新松公司的创新路径 ……………………………………（47）

  一 抓住控制器这一核心部件，以集成创新起步 ………（47）

  二 从机器人产品出发，向产业链上下游延伸 …………（49）

三　自主核心技术为支撑，加速拓宽产品创新领域 …………（51）

四　以平台搭建为引领，从内部集成创新走向赋能协作 ……（53）

第三节　新松公司创新特点 ……………………………………（53）

一　以较高的创新投入强度，弥补后发劣势 ………………（53）

二　融入国家发展战略，打破空白形成拳头产品 ……………（55）

三　深耕厚植关键核心技术，构筑知识产权和标准

护城河 ……………………………………………………（58）

四　形成分层分工、内外协同的创新体系，不断提升

创新能力 …………………………………………………（59）

第四节　新松公司创新的启示与思考 …………………………（61）

一　政府前瞻布局前沿科技为企业创新提供创新之源 ………（61）

二　制度创新为科技与经济紧密结合释放强大能量 …………（63）

三　提升产业基础能力和产业链现代化水平的壁垒亟待

突破 ………………………………………………………（64）

第五章　永辉超市：与员工、客户和合作伙伴共创与

共享价值 ……………………………………………（67）

第一节　永辉超市发展历程 ……………………………………（67）

一　创业发展期（2001—2004年） …………………………（67）

二　生鲜壁垒成熟期（2005—2010年） ……………………（68）

三　扩张转型期（2011—2015年） …………………………（69）

四　整合赋能期（2016年至今） ……………………………（70）

第二节　永辉超市商业模式创新的主要做法 …………………（71）

一　定位不同消费者群体，通过业态创新深入挖掘消费者

价值 ………………………………………………………（71）

二　以供应链战略为核心，通过价值网络创新与消费者和

合作伙伴共享企业发展成果 ……………………………（73）

三 将员工视为合作伙伴，实施"大平台+小前端+
富生态+共治理"的组织创新 …………………………… (75)
四 以数据共享为抓手推动关系网络创新 …………………… (77)
五 实施线下不断细分、线上不断拓展的渠道创新 ………… (78)

第三节 永辉超市商业模式创新的基本特点 …………………… (80)
一 审时度势，顺应时代发展潮流，不断进行商业模式
创新 ………………………………………………………… (80)
二 专注核心业务，积累资源能力，锻造强大的核心
竞争力 ……………………………………………………… (81)
三 明确市场定位，建立有效广泛的价值网络 ……………… (81)
四 科技赋能新型业态，支撑商业模式变革 ………………… (82)

第四节 永辉超市创新发展的启示与思考 ……………………… (83)

第六章 药明康德：赋能型医药服务平台缔造者 ………………… (84)
第一节 药明康德发展历程 ……………………………………… (84)
第二节 药明康德创新的主要做法 ……………………………… (86)
一 聚合创新资源，打造"一体化、端到端"的研发
服务平台 …………………………………………………… (86)
二 通过内生和外延双方面发展，完善赋能平台 …………… (89)
三 持续跟踪前沿科学技术，赋能创新 ……………………… (90)
四 拥有庞大、忠诚且不断扩大的客户群，构建医药健康
领域的生态圈 ……………………………………………… (91)
五 强化研发投入和人才持续引进，提升企业硬件和
软实力 ……………………………………………………… (93)

第三节 药明康德创新的主要特点 ……………………………… (94)
一 通过打造全产业链服务能力寻求差异化竞争优势 ……… (94)
二 选准优质发展赛道，业务高速增长 ……………………… (95)

三　以人为本，注重人才管理和激励 …………………………(96)
第四节　药明康德创新发展的启示与思考 ……………………(96)

第七章　中国企业创新政策 ……………………………………(98)
第一节　企业创新政策的基本内涵 ……………………………(98)
一　企业创新政策的概念与基本特征 …………………………(98)
二　企业创新政策的构成要素 …………………………………(100)
第二节　中国企业创新政策的演进历程 ………………………(101)
一　试点探索阶段（1978—1984 年）…………………………(101)
二　正式启动阶段（1985—1994 年）…………………………(102)
三　不断深化阶段（1995—2005 年）…………………………(103)
四　自主创新阶段（2006—2011 年）…………………………(103)
五　全面深化阶段（2012 年以来）……………………………(104)
第三节　中国企业创新政策演进的三大逻辑 …………………(105)
一　逻辑1：企业创新由政府推动向市场引导的转变 ………(106)
二　逻辑2：企业创新政策从注重供给面向注重需求面和
创新生态的转变 ……………………………………(107)
三　逻辑3：创新模式从鼓励引进消化吸收再创新到自主
创新的转变 …………………………………………(109)
第四节　中国企业创新政策重点剖析 …………………………(111)
一　促进企业创新的法律环境 …………………………………(112)
二　促进企业创新的政策环境 …………………………………(118)
第五节　中国企业创新政策存在的问题及建议 ………………(133)
一　中国企业创新政策存在的主要问题 ………………………(134)
二　完善中国企业创新政策的思路与建议 ……………………(137)

第八章　总结与展望 ……………………………………………(140)
第一节　中国企业创新之路的特点 ……………………………(140)

一　处于不同产业生命周期的企业创新重点不同 ………… (140)

　二　知识密集型产业以技术创新和服务创新为主 ………… (141)

　三　科技创新与非科技创新的互动具有动态性和阶段性 … (141)

　四　脱离了科技创新，其他创新无法保证企业的长期
　　　竞争力 …………………………………………………… (142)

第二节　中国企业创新进入新阶段 ……………………………… (143)

第三节　中国企业创新未来路径展望 …………………………… (145)

参考文献 …………………………………………………………… (148)

后　记 ……………………………………………………………… (156)

第一章

中国企业创新道路的基本认识

第一节　中国企业创新的特点与路径

企业是市场的主体，也是创新的主体，创新是企业获取市场竞争力的重要途径。中国经济发展取得的巨大成就主要源于企业的快速发展，特别是企业创新驱动下竞争力的迅速提升。

熊彼特认为，所谓创新就是要"建立一种新的生产函数"，就是将一种从来没有的关于生产要素和生产条件的"新组合"引进生产体系中，以实现对生产要素和生产条件的"新组合"[①]。中国企业的生产要素和生产条件基础与国外企业有所不同，因此在微观层面产生了不同的"新组合"，也形成了基于中国特色创新路径的企业竞争力。

国内外很多研究者对中国企业创新活动的特点进行了研究，从不同角度出发，基于一定的标准对所谓"中国式创新"进行了归纳。中国

[①] 苏楠、陈志：《"中国式创新"的特点、影响因素与趋势研究》，《机电产品开发与创新》2017年第1期。

企业的创新活动与其他国家创新活动相比具有自己的特色,在主要类型上有所差异,我们收集了一些典型判断,具体见表 1-1。

表 1-1　　　　　关于"中国式创新"的典型判断

专家或机构	中国式创新	主要内容
玛丽娜·张	以开发为主的创新	中国的创新活动以开发为主,而非以研究为主①
亚瑟·克罗伯（中国问题专家）	效率型创新	用60%的价格实现90%的功能②
麦肯锡全球研究院	以客户为中心的创新、效率驱动型创新	开发满足客户需求的新产品和新服务;提升生产效率的工艺流程创新③
英国国家艺术基金会	快速跟随式创新	迅速地消化吸收全球最好的想法和技术,迅速地进行试验并改善自己的研究质量和产品④
史蒂夫·霍夫曼	改良式创新	将新技术或产品"中国化""本土化"⑤
曾明	成本创新	通过创新,而非简单的低要素成本,进一步降低成本;创造性地用低成本的方式实现以应用型为主的创新⑥
吴晓波	二次创新	在引进技术已有创新的基础上,结合发展中国家市场的需求特点以及供给要素条件进行的改进性创新⑦

① Mark Dodgson, David M. Gann, Nelson Philips, *The Oxford Handbook of Innovation Management*, New York: Oxford University Press, 2014, pp. 414-415.

② Arthur R. Kroeber, *China's Economy: What Everyone Needs to Know*, London: Oxford University Press, 2016, p. 40.

③ 麦肯锡全球研究院:《中国创新的全球效应》,麦肯锡公司,2016 年,第 11 页。

④ Kirsten Bound, Tom Saunders, James Wilsdon and Jonathan Adams, China's Absorptive State: research, innovation and the prospects for China-UK collaboration, NESTA, 2013, p. 15.

⑤ 中英经济文化促进会:《"中国式创新"在国际好评如潮!吴晓波解析"走向世界舞台的中国式创新"》,https://www.sohu.com/a/116188343_488396,2016 年 10 月 14 日。

⑥ 曾明、[英]彼得·J. 威廉姆斯:《龙行天下》,机械工业出版社 2008 年版,前言第 17 页。

⑦ 中英经济文化促进会:《"中国式创新"在国际好评如潮!吴晓波解析"走向世界舞台的中国式创新"》,https://www.sohu.com/a/116188343_488396,2016 年 10 月 14 日。

续表

专家或机构	中国式创新	主要内容
《解码中国式创新》系列报道	新型举国体制	重大科技项目或工程，如高速铁路①、超级计算机②等

资料来源：笔者整理。

在工业化初期，中国有同大多数后发国家相似的基础，如资金和外汇短缺、人口的二元结构、丰富的劳动力供应、技术落后、基础设施和工业配套能力较弱等；同时，中国也有自身的国情特点，例如从计划经济向市场经济过渡初期的短缺经济以及由此带来的市场宽容。这些要素禀赋和环境条件既是中国企业竞争力的基础，也是中国特色创新之路的起点。在此背景下，中国企业采用创造性的方式，充分利用要素禀赋和环境条件的优势，突破约束，形成了有中国特色的生产要素和生产条件的新组合，将要素的比较优势转变为竞争优势。具体而言，主要包括以下四条路径。

路径1：吸收型创新弥补要素短板，加快企业竞争力提升进程

在缺乏技术、资金和产业支撑体系的条件下，中国企业用几十年的时间完成了发达国家上百年的工业化进程，实现了压缩型工业化发展，这得益于技术引进和快速地消化吸收。一方面，吸收型创新加速建立了产业和企业技术基础，包括改革开放初期家电、机械等产业"以市场换技术"为主要目标的大规模技术引进，20世纪90年代与国外企业的合资合作，以及新时期以"新型举国体制"为特征、以重大科技或工程为载体的技术引进。另一方面，吸收型创新利用后发优势，引进相对成

---

① 郭森、王伟、柴安东：《解码中国式创新：中国高铁"加速度"》，http://news.ifeng.com/a/20160813/49770453_0.shtml，2016年8月13日。
② 姚东明、庄胜春：《解码中国式创新：计算机里的博尔特》，http://finance.sina.com.cn/roll/2016-08-18/doc-ifxvctcc7917831.shtml，2016年8月18日。

熟的技术节约了大量的研发费用，缩短了研发周期，加快了产业竞争力提升的步伐。

路径2：资本节约型创新挖掘劳动力要素潜力，增强劳动密集型产业竞争优势

从生产要素投入密集程度看，劳动密集型产业是中国具有竞争力优势的主要行业领域。中国产业整体竞争力不断攀升，但是不同类型产业的竞争力发展不均衡。利用世界投入产出数据库进行计算，结果显示：目前中国劳动密集型制造业的增加值贸易额中国内增加值的比重最大，为85%左右；资本密集型制造业次之，约为75%；知识密集型制造业出口中的国内价值所占比重最低，低于65%。[①] 表明劳动密集型产业是中国具有竞争力优势的主要领域。

资本节约型创新扩大了劳动密集型产业的竞争优势。人口、自然资源等初级生产要素禀赋是发展起步期产业竞争力形成的重要因素，同样，中国产业竞争优势的形成不仅来自对低成本劳动力本身简单地大规模利用，也来自资本节约型创新对劳动力要素潜力的充分挖掘。例如，比亚迪在电池规模化生产初期，研发了半自动化的设备，通过半自动化、半人工化生产线与人工配合，极大地降低了设备投入，提升了生产灵活性，以低于日韩竞争对手30%到40%的成本优势迅速开拓了市场[②]。中国大量企业选择通过适宜技术与组织、管理等方面的集成创新实现资本节约，缓解了资本不足的劣势、挖掘了低劳动力成本的优势，进一步扩大了劳动力密集型产业的竞争优势。

路径3：差异化创新响应需求条件，形成利基市场竞争力

利基市场是中国企业参与竞争之初能够获取优势的市场基础。一般

---

① 卢晨阳：《全球价值链分工体系下我国出口价值含量研究——基于增加值贸易核算方法》，《价格理论与实践》2016年第3期。

② 曾明、[英]彼得·J. 威廉姆斯：《龙行天下》，机械工业出版社2008年版，第66—68页。

而言，在国际贸易中，同种产品的出口和进口分别代表了一国产业竞争力的优势和劣势，而且同种产品价格水平的高低在一定程度上反映了该产品的等次（级）。以钢材为例，2015年中国钢材进口单价平均为11.2万美元/吨，而出口单价为5.7万美元/吨[1]，进口单价远高于出口单价，这表明中国在价格较低的低端产品市场具有竞争优势。

中国企业竞争力形成从利基市场的差异化创新起步，不断向中高端攀升。例如，吉利、奇瑞、华晨等自主品牌汽车从5万—10万元甚至5万元以下的低端市场切入；华为刚进入通信行业做交换机时，从450—660元/线的小容量程控交换机做起，从农村市场起步，而当时国际主流的大容量程控交换机的价格都在2000元/线以上[2]。

路径4：逆链条创新融入全球产业分工体系，逐步提升产业体系化竞争力

从产业链和技术链看，中国产业发展首先在链条中技术壁垒较低的环节形成竞争优势。制造业增加值中的中高技术制造业的比重反映了制造业的技术复杂性，根据联合国工业发展组织的测算，中国中高技术制造业增加值占制造业增加值的比重从1990年的38%提高到2012年的41%[3]，在金砖国家中处于最高水平，但低于美国、日本、德国和韩国等工业发达国家，说明中国中高技术产业的竞争力与领先工业国家相比仍有差距。另外，获利能力也是反映产业链和技术链环节差异的重要指标，通常加工制造环节获利能力较弱，如苹果公司可从每台iPhone手

---

[1] 中华人民共和国国家统计局：《中国统计年鉴》(2015)，中国统计出版社2016年版，第357、364页。

[2] 吴贵生：《自主创新战略和国家竞争力研究》，经济科学出版社2011年版，第44—88页。

[3] 联合国工业发展组织：《中高技术制造业增加值占制造业增加值的比重》，http://www.unido.org/data1/Statistics/Research/cip.html，2017年3月1日。

机独占其利润的近六成,而中国仅获得1.8%[①]。

与发达工业化国家产业发展正向创新的过程不同,中国产业竞争力的演进路径是从点突破和逆向创新起步,实现从OEM到ODM再到OBM,从组装到制造再到核心部件,从产业链和技术链的后端环节向前端环节攀升,逐步形成产业体系化竞争力。例如,中国光纤光缆产业发展经历了从成缆到拉丝到制棒的"逆技术路线"发展之路。富士康在发展成为全球最大的代工企业的过程中,逐渐进入产业链上游和零部件环节,形成了独特的产业技术和配套能力,通常手机机壳模具的设计和制作需要1—1.5个月,而富士康只需7天即可完成,富士康还拥有全球电脑主机板连接器的绝大部分专利[②]。中国产业发展是在全球产业转移和跨国公司全球化发展的背景下实现的,初级生产要素的成本决定了加工组装和制造能力的国际产业分工,中国却也借此从加工制造环节开始进入全球产业分工体系。

第二节　中国企业创新路径的成因

中国企业在几十年的发展过程中,不断探索,走出了具有自身特色的"中国式创新"之路,背后蕴含着必然性,也反映了时代的特殊性。

一　中国特色企业创新之路形成的必然性

以非前沿科技创新和非科技创新为主要内容的"中国式创新"并非源于前沿科技或原创性技术的创造,其重要意义在一定程度上被忽

[①] 陈梦阳、韩洁、叶前:《四大怪相折射中国制造业之痛》,http://www.cs.com.cn/xwzx/hg/201503/t20150315_4664155.html,2015年3月14日。

[②] 马也、赵晖:《揭秘苹果背后顶级代工企业:起底郭台铭和他的鸿海帝国》,http://www.ocn.com.cn/touzi/201609/etcyh14142726.shtml,2016年9月14日。

视，却是绝大多数中国企业在经营实践中不约而同的选择，我们认为其存在具有一定的必然性，是由中国作为后发国家的属性所决定，受中国科技、产业和经济发展所处阶段的影响，但并非中国独有。

从实践上看，之所以突出强调"中国式创新"，原因在于在当今世界科技和经济格局中，欧、美、日等发达国家或地区的工业化已完成，更为落后国家还没有进入或刚刚进入发展起飞阶段，因此，横向比较而言，中国的创新略显独特。但是如果将视野拉长，与中国创新相似的路径、模式等在历史上都曾出现，如19世纪70年代到90年代，德国通过仿制英、法等国产品，依靠廉价销售进入市场，"德国制造"一度也是"山寨创新"的代名词。

从理论上看，"中国式创新"并没有脱离追赶理论、产业创新周期理论和经济学理论的一般规律。

在科技方面，"中国式创新"符合后发国家追赶理论。以技术引进为基础的创新也是所有后发国家现代产业和企业发展初期的普遍做法。例如19世纪之前的美国从模仿欧洲技术起步，20世纪60年代的日本和70年代的韩国通过大规模引进欧美的先进技术实现追赶。

在产业方面，"中国式创新"符合产业创新周期理论。改革开放后，中国产业创新和发展实际上是"补课"的过程，随着经济发展和国民收入提高，从自行车、家电、手机到汽车等产品一波一波的消费潮带动了相关产业发展。从全球范围看，上述所有产业的导入期（如手机），甚至快速发展期（如家电和汽车）已经结束。按照产业创新周期理论，进入产业发展中后期，主导技术或设计已经形成，技术变化速度变慢，渐进性创新成为主导。在这种情况下，中国企业作为追随者，通过集成非前沿科技和非科技创新实现了质量、功能和成本之间的平衡，是一种符合产业发展规律的理性选择。

在经济方面，"中国式创新"符合经济效益最大化理论。积累性、不确定性、高风险性等是科技创新的根本特性。对于企业而言，科技创新是取得利润最大化的途径之一。当有在更短时期内，以更低的投入获取更大收益的方案存在时，科技创新可能就是企业的次优选择。中国作为最大的后发国家，改革开放释放了大量的生产要素和巨大且多层次的市场空间，在尚不完全成熟的市场中，不需要通过科技创新就能获取高额收益和赚快钱的机会很多。换句话说，绝大多数企业不需要，也没有必要进行高投入和高风险的原始性创新就可以实现经济效益最大化。

二　中国企业特色创新之路形成的特殊性

"中国式创新"除受自身发展阶段影响外，还受到外部环境和条件的影响，使其形成具有一定的特殊性，主要包括两个方面。首先，"中国式创新"是在全球化背景下形成的，在市场开放条件下进行的。中国企业在国内市场与国外企业直接竞争，在产业和技术能力较弱的前提下，更加注重市场导向的创新。其次，"中国式创新"参与了信息技术和互联网革命的后半程，特别是利用了移动互联网技术和产业发展的机遇。信息技术的普遍采用加速推动了知识流动，同时迅速形成了基于移动互联网进行技术和产品创新的新模式和新能力，使中国企业在集成创新和需求导向创新方面更胜一筹。

第二章

中广核：从"引进来"到"走出去"的标杆

改革开放40年来，"引进、消化、吸收、再创新"是中国提升经济竞争力的重要经验，也是很多中国企业实现创新发展的特色之路。通过"引进、消化、吸收、再创新"，中国广核集团有限公司（以下简称"中广核"）实现了从无到有、从有到优的跨越式发展。从几乎完全依赖国外技术和人才建设大亚湾核电站，到打造出拥有完整自主知识产权的国家名片"华龙一号"，中广核已经逐渐成长为中国最大、全球第三大核电企业和全球最大核电建造商，它的发展历程是中国企业引进、消化、吸收、再创新的典型代表。

第一节 中国核电产业的发展历程

现代核电产业具有投资规模相对较大、产业链条长、辐射带动作用强等特点。从国际核电产业发展看，基本可以分为独立自主型、引进—模仿改进—自主创新型和购买容量型三种基本模式。完全独立自主的国家很少，主要以美国、俄罗斯、加拿大为代表；法国、德国、英国、日本等核电强国都属于引进—模仿改进—自主创新型。大多数发展中国家属于后者，只能成套购买商业反应堆、交钥匙工程。目前，中国已成为世界上少数几个拥有比较完整的核工业体系的国家之一。目前在运核电机组装机容量上排名前五的国家分别是美国、法国、中国、日本、俄罗斯，中国排名第三。

中国从20世纪80年代中期开始发展核电，整个发展过程大致可以分为三个不同阶段。

第一阶段始于20世纪80年代初，政府提出核能"军转民"的发展战略，即以发展核电带动国家核工业发展，并启动自主设计和建造30万千瓦秦山核电站工程。1985年3月，由中国核工业集团（以下简称"中核"）负责建设的秦山核电站实现第一罐混凝土浇灌，1991年12月实现并网发电。1987年，大亚湾核电站开工建设，共包含两台从法国引进的90万千瓦压水堆机组，1994年2月和5月分别实现商运。秦山核电站的建成终结了中国无核电站的历史，是中国核电自主创新的开端；大亚湾核电站项目的成功实施，标志着中国核电技术对外合作引进工作的启动。从此，中国核工业走上了自主创新与技术引进相结合的发展道路。

第二阶段始于1996年，属于探索发展阶段。1994年9月，中广核成立，随后的10余年，中核与中广核共同引领中国核电产业发展，先后完成深圳大亚湾核电站，深圳岭澳一期核电站，海盐秦山二期、三期核电站，连云港田湾核电站等共计5个核电站、10台核电机组的建设工作。

第三阶段始于2006年，属于开拓发展阶段。2006年国务院批准《核电中长期发展规划（2005—2020）》，明确到2020年中国核电装机总量从906万千瓦提升至4000万千瓦、在建容量1800万千瓦。在最新的《电力发展"十三五"规划》里，对之前的规划进行了调整，明确"十三五"期间全国核电在运机组容量约3000万千瓦、开工建设3000万千瓦以上，2020年核电装机将达到5800万千瓦。在此阶段中国核电产业发生了很多令人瞩目的事件，如中核与中广核联合开发了具有自主知识产权的"华龙一号"机组技术。2007年，为引进美国西屋设计的AP1000技术，中国成立国家核电技术公司，负责AP1000的引进、消化、吸收、再创新工作，同时也作为大型先进压水堆核电站重大专项CAP1400/1700的牵头实施单位和重大专项示范工程的实施主体。2015年5月29日，经国务院批准，中国电力投资集团公司与国家核电技术公司重组成立国家电力投资集团公司。目前中国核能领域形成三足鼎立格局。

第二节 中广核的创新之路

一 从"零资本"起步

中广核起步于中国大陆首座百万千瓦级大型商业核电站——大亚湾核电站。20世纪70年代末，核电技术在苏联、美国、法国等发达国家已经得到了应用，但在中国却是一片空白。1978年，中国决定向法国购买两座核电站设备，中国大型商业核电站发展的序幕由此拉开。当时，中国改革开放刚刚起步，地处改革开放最前沿的广东地区既肩负着率先探索改革开放路径的新使命，也承担着支撑经济发展、保障香港电力供给的新任务。在此背景下，是否发展核电？如何发展核电？在当时，这不仅是具体的重大项目立项问题，更是事关中国重大工程领域发展路径的一次深刻思考、一次艰难抉择！1981年至1982年，国务院先后四次深入讨论建设广东核电站的可行性，当然论证时存在两种截然不同的发展思路：一种是完全依靠自己，先把技术、资金等方面都准备成熟了再上马；另一种是着眼经济全球化，先利用国际资源把项目启动起来，解决经济社会发展一线的现实紧迫问题。最终，历经三年考察、论证，国务院批准大亚湾核电站项目，引进法国的核岛技术装备和英国的常规岛技术装备进行建造和管理，选择了边引进、边发展、边提升的核电发展路径。该核电站总投资约40亿美元，但当时中国外汇储备只有1.67亿美元。为解决资金难题，大亚湾核电站采用了"借贷建设、售电还钱、合资经营"的全新模式，走出了一条与众不同的重大项目建设之路。在原国家计委的投资项目表上，大亚湾核电站一栏的投资数额赫然为"零"。有人把这一思路形象地称为"借钱买鸡，养鸡生蛋，卖蛋还钱，还有钱花"。

二 从技术引进者迈向世界能源巨头

在大亚湾、岭澳、阳江、防城港等核电项目的陆续建设过程中，中广核从全面引进法国EDF公司核电技术，跟着"洋师傅"当学徒开始，逐步提高国产化率，走出了一条"引进技术基础上消化、吸收、再创新"的核电科技创新之路。依托这条道路，中国核电团队奋发自强，通过持续不断的技术改进和创新，全面实现了中国核电发展的"四个自主"，即自主设计、自主建设、自主制造、自主运营。核电设备国产化率从最初的1%左右，提升到近90%，并先后形成中国核电自主品牌CPR1000和拥有完整自主知识产权的第三代先进核电技术——"华龙一号"。其中，"华龙一号"是在中国30余年核电科研、设计、建设和运营经验的基础上，采用国际最高安全标准研发设计，具有完整自主知识产权的第三代先进压水堆核电机型，能够抗击大型商用客机撞击。"华龙一号"安全性与国际主流技术相当，经济性更具竞争力。这种"高技术水平"+"高性价比"的产品创新是中国通过"引进、消化、吸收、再创新"路径实现创新发展的重要特征。围绕"华龙一号"，中广核开发了具有自主知识产权的数字控制系统（DCS）——和睦系统，使中国成为继美国、法国和日本之后，第四个掌握该技术的国家，并与韩国签订协议为其4台核电机组改造项目供货。此外，中广核还在小型堆、先进核燃料组件等核心技术和产品方面取得重要进展。中广核的成长壮大和一系列技术产品创新,实现了中国商业核电从无到有、从有到优的跨越式发展。

中广核依靠改革开放促进科技创新,依靠科技创新促进企业发展,依靠企业发展带动核电和风能、太阳能等新能源产业转型升级。截至2019年9月底,中国广核集团拥有在运核电机组24台,装机容量2714万千瓦;[①] 在建核电机组4台,装机460万千瓦。拥有风电在运控股装机达1273万千瓦,太阳能光伏发电项目在运控股装机容量435万千瓦,风电、太阳能、水电的市场格局已经遍布全国29个省市,海外新能源在运在建控股装机1338万千瓦。此外,在分布式能源、核技术应用、节能技术服务等领域也取得了良好发展。中广核下属的核技术公司连续快速发展,营业收入2013年突破1亿元,2017年超过60亿元,迅速成长为行业龙头企业,并在多个细分领域保持国内领先地位。

三 "走出去"推动中国跻身核电技术输出国

以大亚湾核电站为基础,通过不断创新发展,中国不但拥有了自主的三代核电技术"华龙一号",还将"华龙一号"出口到了世界上首个建设商业核电站的老牌核电强国——英国。从大亚湾核电站到"华龙一号",中广核发展的每一步都离不开国际化的环境和国际化经营理念。中广核从"十一五"起就制定了明确的国际化战略,在多个方面取得重大突破,创造了中国企业"走出去"的"八个最":中国在英国及欧洲最大的投资项目——英国核电项目、中国在非洲最大的实体投资项目——纳米比亚湖山铀矿、马来西亚最大的外国直接投资者、中国在爱尔兰投资最大的企业、孟加拉国最大的独立发电商、埃及最大的独立发电商,以及比利时最大的陆上风电场。其中,英国核电项目与法国电力公司共同投资建设,按照"先参后控、以参促控"方式,实现"华龙

[①] 《中广核:在运核电机组达24台 核电装机总容量突破2700万千瓦》,《证券时报》2020年1月8日。

一号"技术首次落地发达国家。出口一座"华龙一号"核电站相当于出口 200 架大型商业客机,可以带动中国装备制造业 5400 家企业"走出去"。

第三节　中广核技术创新模式的经验

从"零资本、零技术"起步,中广核从单基地生产型企业逐步发展成为具有国际竞争力的技术密集型企业集团,实现中国核电技术从"引进来"到"走出去"的跨越,关键在于在开放条件下,不断接入国际创新网络,将国外先进的技术、知识、经验等有形和无形创新资源有效配置到企业创新发展中,并逐步培育出自身强大的科技创新能力。

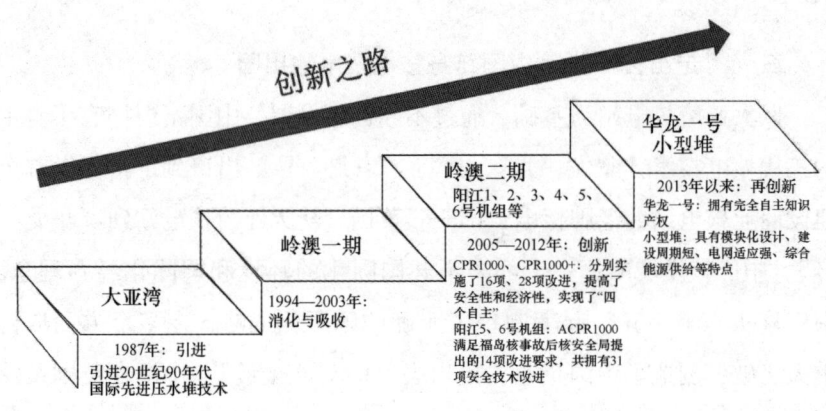

图 2-1　中广核的创新道路

一　坚持利用全球创新资源和市场

中广核是解放思想、对外开放的产物。作为改革开放初期中国最大的中外合资项目,在施工期间,汇集了 20 多个国家和地区的 1500 名外籍工作人员以及上万名国内建设者。自 20 世纪 80 年代引进法国技术开始，中广核通过30年不间断的"建设—反馈—改进"的螺旋式循环，动态吸收国内外最新安全技术，并持续改进，始终保持与国际新技术、新标准接轨和同步。除了从法国引进有形的核电技术，中广核还不惜花费重金，外派大量技术人员留法深造，学习核电站运营管理等无形知识，为企业创新发展奠定了人才基础。

二 通过全面创新将引进技术内化为自身创新能力

中广核以核电技术研发为主线，通过创新联盟等组织创新、"借鸡生蛋，生蛋还钱"的模式创新等方式不断推进"引进—消化—吸收—再创新"，实现企业技术创新能力的提升。

一是以项目和人为载体，将外部知识消化吸收并内化为企业自身技术能力。中广核采取了"工程建设＋'黄金人'"双管齐下的方式。一方面，在大亚湾核电站建设过程中，合同约定法方在材料和设备本地化方面对中国企业进行现场指导，直至设备和原材料合格，使中国迅速掌握了相关材料和设备的制造原理及工艺。另一方面，投入大量资金将115名技术人员送到法国学习核电站运营技术，这批人被称为"黄金人"。学成归国后的"黄金人"成为中国快速消化吸收国外核电运营技术、发展中国核电事业的中流砥柱。

二是建立研发联盟带动消化吸收，稳步推进国产化和自主化。建设大亚湾核电站时，中国连钢筋水泥都需要进口，国产化率只有1%。为稳步推进自主化，在岭澳一期核电站建设时，中广核利用中方设备采购分包机会，有意识地推动国内设备制造企业承担核电设备的部分国内采购，一举使设备国产化率从1%提升到了30%。为进一步提升自主化水平，2009年公司牵头成立中国核电产业联盟，组织产业链上下游企业成立了核电设备研发中心，通过产业链全体企业共同努力，中国红沿河1号机组的国产化率达到75%，"华龙一号"国产化率进一步提升至86.7%，并实现核心设备全部国产化。

三是创新运营模式，通过"借鸡生蛋，生蛋还钱"实现一举三得。不同于一般的中外合资，大亚湾核电站建设采用的是中英合资引进法国技术的创新模式，并约定建成投产后向香港售电偿还贷款。这种"借贷建设、售电还贷、合资经营"的独特体制机制创新，不仅解决了中国外汇和资金短缺问题，引进了当时先进的核电技术和企业经营管理经验，而且提前锁定了产品销售市场。

四是采取建设设计与工程一体化管理。通过对标国际同行，中广核在国内率先建立并实施核电工程 AE（Architecture & Engineering）管理体系和模式，实现了核电快速发展与资源能力的协同匹配。中广核在 2003 年成立了专业化核电 AE 平台，对核电项目建造相关的工程设计、设备成套、建安施工、调试等上下游环节进行协同管理和一体化运作，实施工程总承包，有效解决了国内其他工业项目建设中长期存在的功能隔离、协调困难、效率低下的问题。在这个管理体系下，中广核突出了设计在工程项目上的龙头作用。工程设计院成立五年，就发展成为国内首家同时具备核岛设计和常规岛设计甲级资质，具备完整自主设计能力的企业，实现了从设计分包、联合设计到自主设计的快速成长，较好地完成了核电批量化建设的设计任务。此后又用五年时间，在起步比同行晚十多年的情况下，完成了中国自主三代核电技术——"华龙一号"的研发设计，广泛应用全球领先的三维设计和智能化平台工具，形成全新的正向设计能力。

同时，中广核还将此管理理念导入配套产业协同生态圈。围绕重点项目，建立与设备制造、建安企业的高层协调平台，以及核电工程产业联盟、重大问题定期会商等沟通机制，推动质量保证和安全管理体系向产业链相关企业深度延伸，促进各单位建立与中广核工程管理相适应的统一体系。通过实施 AE 管理体系和模式，中广核成功探索出企业主导、产业协同发展的路径，形成与大型核电建设工程相适应的先进管理经验。得益于此，中广核有效应对了同时在建 16 台百万千瓦机组的巨大挑战，每年完成超过100万个工程里程碑重大节点。2017年投运的阳江4号机组，创造了全球同类机组最短工期的世界纪录。

三 重视激励人才这一第一创新资源

从大亚湾核电站建设运营初期，中广核就以"黄金人"奠定了企业发展的重要根基。在发展过程中，中广核以人才为中心，持续完善人才培训、考核、晋升、激励等制度，全方位保证职工的业务素质，激发各类人才的创新潜能。在培训考核方面，对于核电基地操纵员实行"频繁并且极其严格"的考核，培训贯穿职业终身。除日常的培训外，职业培训每两年左右必须复训一次。人员考核评价以参加项目完成情况为主要指标，由其上级主管负责考核评价，考核评价的结果与其职级晋升密切相关。在职级晋升方面，对于技术岗位，建立"初级、中级、高级、资深、首席"系列培养晋升计划，岗位聘任与项目完成度密切相关，如果有重大研究成果，还可以破格提拔。很多30岁出头的年轻人由于表现优秀，已经成为部门负责人或是技术骨干，并且集团的主要领导都是核心技术岗位出身，营造了一种使科研人员可以安心做事的文化氛围。在激励方面，中广核积极制定科技人员激励政策，对科技领军人才、科研骨干以及不同领域的科研人员设立不同的激励政策，在政策允许范围内最大限度地激发集团各类科技人才的创新积极性。例如，对于从事基础性研究工作的科研人员，实行高基薪和配套专项奖励的激励办法，让他们安心从事基础性的研究工作；对于从事小规模研发性工作的科研人员，实行产品净利润提成的激励方式，鼓励研究团队面向市场开发适用性强的新产品；对于已经进行成果产业化且还未上市的研发成果，给予项目发明人一定虚拟股份并享受分红权，以股权激励的方式调动他们将创新成果产业化、市场化的热情。在荣誉表彰方面，集团设置科技成果一、二、三等奖，用于表彰集团内部取得重大研发成果的科技人员，同时还有中广核工匠、央企五一劳动模范等荣誉称号，形成了较为完善的党、工、团科技人才荣誉体系。

目前，中广核已经形成了一支以核电工程技术人员为核心的科技人才队伍。其中，科研人员近7000人，约占员工总数的18%，包括运行操作工程师、维修工程师、技术和设备管理工程师、技术研发工程师、核电站日常运行工程师以及水电工程师、风电工程师、太阳能工程师等多种岗位类型。在满足自身发展需要的同时，中广核还为秦山、田湾等核电站培养了200多名核电专业技术人才。当初为中广核培养核电操纵员的法国电力公司也多次选派技术人员来中广核接受培训。从外派"黄金人"到输出人才培训服务，中广核实现了中国核电领域在人才培养和人才队伍建设方面从"徒弟"到"师傅"的巨大转变。

四 构建技术创新生态体系实现真正的自主创新

要实现自主的技术体系，就必须拥有自己的企业创新体系。中广核不断加强科技创新能力建设，逐步带动产业链不同环节的企业进行技术创新，面向全球建立完善产学研深度融合的技术创新体系，实现再创新和更高水平的自主创新。

中广核依托八大国家级研发中心和综合热工水力与安全实验室，实施五大战略专项（包括华龙系列、先进燃料组件、先进核能系统和智能核电等），形成以中广核为主导的产学研相结合的研发体系。中广核积极打造15个研发中心，已形成国家级、集团级和公司级三级研发中心体系。2006年，中广核成立中广核研究院，致力于打造中广核的核电多基地共用技术平台。目前，研究院拥有各类专业科技人员近1400人，形成了包括国家级领军人才在内的核电技术专家团队。近年来，中广核科技投入持续增加，形成了"以集团公司投入为引导，成员公司投入为主体"的科研投入方式，投入经费总额均占到主营业务收入的5%左右。

为推动核电设备国产化，中广核联合国内核电产业链上下游87家核心企业成立了核电设备研发中心,通过联合攻关,短时间内实现了大型锻件、核级泵阀等关键设备自主化与国产化,为岭澳二期核电设备国产化突破和核电自主批量化建设提供了强有力的支撑,并带动5400家供应商,打造核电工程"生态圈"。

中广核还与清华大学等众多高校、中科院等众多科研院所建立了密切的合作关系。从2015年开始,集团与中科院等科研机构建立年度科研对接机制,开展科学家与工程师之间的定期交流,将集团的科研需求和中科院的科研成果进行有机对接,开展加速器驱动的先进核能系统、新一代燃料组件——事故容错燃料(ATF)等前瞻性研发。

中广核依托公立研发平台和科研项目,迅速完成氢能产业链上、中、下游贯通布局。在产业链上游,依托深圳市水电解制氢设备研发工程技术中心,开展制氢、储氢和运氢联合攻关;在产业链中游,依托深圳市清洁能源基础研究院平台支撑,积极加入产业联盟,开展以先进燃料电池为核心的国产化科技攻关;在产业链下游,依托能源局、中广核集团、中广核研究院项目支撑,积极推进产品研发和示范应用。此外,中广核还积极开展面向未来的前瞻性应用研究,与法国等核电技术先进国家建立联合实验室,开展国际合作研究,为未来战略发展做好技术储备。

第四节 中广核创新发展的启示与思考

中广核的科技创新经验充分证明,人才是第一资源,创新是第一动力。要走出"引进—落后—再引进"的怪圈,必须重视吸收消化和再创新,高度重视核心领域的关键技术研发,同步推进管理和技术创新,才能最终掌握发展的主动权。在这一过程中,有以下几点特别重要。

1. 坚持开放创新。从大亚湾核电站建设伊始,中广核就秉持开放的发展理念，充分运用国外先进技术与资本，并通过人员外派、工程建设等方式大力吸收国外知识、技术和诀窍，并逐步迈出国门，寻求国际创新合作，不断提升自身竞争力与创新力。与此同时，积极带动组织产业链相关企业共同研发，形成合力。

2. 紧紧抓住人才这一创新主体。中广核以工程建设培养和锻炼人才，根据企业创新发展需要，持续完善人才培训、考核、晋升、激励等制度，形成了包括国家级领军人才在内的核电技术专家团队和高素质的核电运营管理人才队伍。这使在引进技术的同时能很快将先进技术转移到企业自身，同时也通过"干中学"、建设技术创新体系，完成后续的再创新。

3. 以技术创新为核心，推动全面创新。在发展过程中，中广核的科研投入稳步增长，科技投入约占集团营收的5%，研发投入长期维持在集团营收的2%以上，"十三五"以来，集团累计科技投入已超100亿元。同时，中广核还陆续进行了"借鸡生蛋、生蛋还钱"、"黄金人"、组建研究院、成立战略联盟等体制机制创新和组织创新，高效推进技术引进、消化吸收和再创新，极大地提升了企业的科技创新能力。

当然，中广核的成功除了自身的努力外，也与核电这一特殊产业的发展背景息息相关。核电产业是国家战略必争的领域，是由中央企业主导，依托重大工程，集中国内外优势力量实现科技创新重大突破的典型代表。从国际看，核能发展机遇与挑战并存，日本福岛核事故影响了世界核电发展进程，同时近期中美贸易摩擦中，美国也加强了对华核出口的限制。2019年8月13日，美国商务部修改出口管制实体清单，将中广核及其下属3家公司列入名单，外部形势进一步趋紧。从核电产业自身看，它与中国产业整体发展一致，产业基础能力还不强。中广核能走出去，主要得益于在发展实践中不断积累而形成的技术集成、建设效率、综合成本、安全性等综合优势，这些并不意味着中国在核能基础理论研究、核心技术、关键制造工艺等方面已独占鳌头。未来，中国此类战略性产业的创新发展，还需要注意以下几个问题。

1. 保持战略定力，不断完善产业技术创新体系。在国家战略必争领域建设战略科技力量。以优势科研机构和企业为依托，加强战略科技力量的建设，为相关基础研究和重大共性技术研究（如乏燃料后处理）提供支撑。

2. 继续推动体制机制改革，特别是改革国企薪酬制度和考核制度。在激烈的市场竞争中，国有企业要想对各类人才提高吸引力、激发创造力，必须因地制宜，根据行业特点、发展阶段设计相应的薪酬和考核制度。这就需要破除不合理的制度约束，赋予企业更大决策自主权，使其在科学决策基础上把握机遇、应对风险。例如根据不同地域、不同职能岗位构成性质，合理设置薪酬标准和工资总额，同时将科技成果转化等科技创新奖励及高层次人才引进经费单列，不纳入工资总额控制，便于企业引进优秀人才，激励企业员工创新创业。

3. 进一步夯实产业基础，加大力度支持长周期探索性项目。目前，中国对于产业基础技术、关键技术等大都还没有详细的"体检"，需要对技术、材料、设备、元器件的国内现状和国外依存度进行梳理，同时夯实多类型产业创新基础，在科技重大项目的实施中，不断提升"4 + 2"（"4"为基础关键技术、基础工艺、基础零部件、基础材料，"2"为基础软件、基础数据）产业创新基础能力，推动产业基础能力不断向新水平、新阶段迈进。

4. 推进更高水平的开放创新。要破除制约进一步开放的种种壁垒，大幅度放宽市场准入，创造更有吸引力的投资环境，鼓励国外企业在中国开展投资、并购、共建研发机构等活动，使企业能够有效接入全球创新网络、充分利用全球各类创新资源。此外，也要鼓励引导企业以"一带一路"建设为重点，加强创新能力开放合作，拓展对外贸易，创新对外投资方式，促进国际产能合作，形成面向全球的贸易、投融资、生产、服务网络，在国际合作竞争中提高创新力与竞争力。

第三章

比亚迪：以核心技术为基础的跨行业连续创业

比亚迪股份有限公司（以下简称"比亚迪"）创立于1995年，从电池代工起步，以电池技术为基础跨入多个产业领域，并创造了多项业界第一，2008年成为全球最大的充电电池制造商，2018年全球新能源汽车销量第一，是目前全球唯一掌握动力电池核心技术的车企，是全球拥有IGBT（Insulated Gate Bipolar Transistor，绝缘栅双极型晶体管）完整产业链的车企。比亚迪秉持"技术为王、创新为本"的理念，成为以核心技术为基础多次跨行业创业的典范。

第一节 比亚迪新能源汽车创新发展概况

比亚迪成立于1995年2月，以代工贴牌生产手机电池、电话电池起家，之后为诺基亚等企业进行手机代工生产，2003年成为全球第二大充电电池生产商，由于电池代工竞争激烈、利润微薄，发展遇到天花板，开始战略转型进入汽车产业。[①] 2003年比亚迪以收购陕西秦川汽车

[①] 哈佛商业评论杂志社：《比亚迪：先人一步的秘密》，《哈佛商业评论》2017年第8期。

制造公司为标志，正式进入汽车行业。比亚迪的燃油车和新能源汽车同时起步。

在燃油车方面，比亚迪历时2年研发的F3车型于2005年上市，并以高性价比获得市场认可，此后在燃油车方面开发了多个系列多种车型，目前主要有唐、宋、秦系列的轿车、SUV（Sport Utility Vehicle，运动型多用途汽车）和MPV（multi-Purpose Vehicles，多用途汽车）。

在新能源汽车方面，比亚迪从2003年着手研发双模混合动力车，有500多名工程师参与研发[1]，历时5年开发出全球第一款插电式混合动力汽车F3DM双模电动车，并在2008年正式上市，这是世界上首款不依赖专业充电站的混合动力汽车，也是中国首款获得新能源牌照的轿车，并在核心技术上突破了反复充电以及家用插座充电的两大难关[2]。2009年比亚迪进行第二次战略转型，将战略方向重新确定为新能源产业，试图将电池业务上的竞争优势引入新能源产业。2010年，比亚迪推出纯电动大巴和纯电动出租车，2011年首款纯电动汽车比亚迪E6正式上市，2013年1月比亚迪正式获得欧盟WVTA整车认证，标志着比亚迪电动大巴获得在欧盟国家无限制自由销售的"入场券"。

随着新能源汽车快速发展，竞争日益激烈，比亚迪加快在新能源汽车领域的布局。2014年4月，比亚迪在北京车展发布了"542"战略，即："5"代表百公里加速5秒以内，"4"代表全面极速电四驱，"2"代表百公里油耗2升以内。"542"战略为比亚迪新能源发展界定了性能指标。2014年以第二代DM双模混动技术为基础的比亚迪秦上市，2014年比亚迪秦共售出1.5万辆，成为当年

---

[1] 王洪泉：《比亚迪新能源汽车战略分析》，硕士学位论文，天津大学，2012年，第33页。

[2] 云洁：《我国新能源汽车产业发展概况及问题与思考》，《上海节能》2012年第2期。

全国新能源乘用车销量冠军，占当年全国新能源乘用车销量的27%，占插电式车型的88%。2015年，比亚迪宣布实施"7+4"战略，推动新能源汽车的全方位拓展，将新能源汽车的应用范围从私家车、公交车、出租车延伸到环卫车、城市商品物流、道路客运和城市建筑物流等7个常规领域，以及仓储、矿山、港口和机场等4个特殊领域。自此，比亚迪不断探索新能源汽车向商用领域拓展。2018年进入产品创新的新周期，换代车型和新车型密集上市，如推出元EV360、全新一代唐DM、全新一代宋及秦Pro等车型，其中秦Pro搭载比亚迪DiLink智慧生态系统，并拥有OTA远程升级功能；电动大巴已在全球6大洲、50多个国家和地区的300多个城市运营，首款搭载了智能监控和诊断系统、智能电池热管理系统和智能配电管理系统等前沿技术的12米纯电动巴士在全球首发，在车辆模块化和轻量化方面获得重大突破；首批T10ZT纯电动智能泥头车在深圳开启规模化示范运营，标志着比亚迪在高技术门槛的纯电动重型自卸车领域再次抢占产业发展制高点。[1]

经过多年发展，比亚迪将动力电池领域的技术和成本优势与汽车产业经验相融合，成为中国新能源汽车的龙头企业，市场领先地位显著。2018年，比亚迪新能源汽车业务收入为人民币52.42亿元，同比增长34.21%，占集团收入比例提升至40.31%。在国内车市整体表现不佳的情况下，2018年比亚迪汽车销量首次突破50万辆，达到52.07万辆，同比增长27.09%，其中新能源汽车销量为24.78万辆，同比2017年销量大幅增长118%，连续5年成为国内新能源汽车销量第一，且连续4年成为全球新能源汽车销量冠军。[2]

---

[1] 比亚迪股份有限公司：《2018年年度报告》，2019年3月。
[2] 比亚迪股份有限公司：《2018年年度报告》，2019年3月。

第二节　比亚迪新能源汽车创新路径

一　基于逆向研发与技术跨产业应用相结合，成为新能源汽车产业先行者（2003—2009 年）

作为汽车产业的后来者，比亚迪与国内大多数企业一样选择了通过逆向研发进入汽车产业，同时将自己在动力电池领域的优势与之嫁接融合跨入新能源汽车领域，2008 年上市的 F3DM 是工信部 2009 年 8 月发布的《节能与新能源汽车示范推广应用工程推荐车型目录》（第 1 批）所推荐的 5 款新能源汽车中唯一的轿车产品。

（一）基于吸收的逆向研发掌握汽车领域技术

比亚迪汽车产业起步于收购西安秦川汽车公司，借此不但获得汽车行业"牌照"及目录资源，① 而且快速获取了秦川汽车的整车装配、车身焊接和装配、喷涂和冲压四大工艺，拥有了完全自主开发福莱尔车型的 200 多名工程师及经验技术，获取相关隐性知识并带动技术的成熟，② 奠定了其在汽车行业的技术基础。比亚迪的逆向研发以技术吸收为主要特点。

一是通过购买多款汽车进行拆解来进行模仿制造。比亚迪每年都会花数千万元购买各个品牌的全新车型进行拆解学习，从而节省大量的研发经费以及开发时间，③ 例如 F3 的最低起步价仅为 5.29 万元，主要原

---

① 刘家洋：《比亚迪新能源汽车创新生态系统发展模式与机制研究》，硕士学位论文，哈尔滨理工大学，2016 年，第 12 页。
② 江积海：《后发企业知识传导与新产品开发的路径及其机制——比亚迪汽车公司的案例研究》，《科学学研究》2010 年第 4 期。
③ 李伟、祝运海：《案例 ｜ 比亚迪实力能否撑起野心？》，https://www.sohu.com/a/254308624_688230，2018 年 9 月 17 日。

因是"逆向研发"比从零开始的研发节省 1/3 的研发经费。① 通过拆解让员工全面接触各种核心技术知识和认知隐性知识,同时也让没有经验的新员工在入厂半年的时间内动手拆装各种汽车,在干中学。拆车不仅是要模仿造车,更重要的是要强化对于汽车技术的理解和掌握,尤其是隐性技能性知识。②

二是注重非专利技术的学习与积累。比亚迪在汽车逆向研发中发现,汽车上所用的技术知识,90%以上是共知技术,专利技术大约只占 3%,而在专利技术中有很大一部分是外观的设计专利,17 年保护期过后则自动解密,所以比亚迪在技术上实行"拿来主义",大胆地用非专利技术,同时规避专利技术。每一个研发车型项目组所配驻的几位知识产权法律专员也进行知识产权问题分析,随时提出必须规避的专利技术。对于有些很难绕过的专利技术,比亚迪通过专利许可或交叉许可的方式获得专利权人的授权后方才使用,对非专利技术,研发人员则想方设法进行技术升级和破坏式创新。③

三是在学习借鉴的基础上建立研发流程。在 F3 开发的过程中,在吸收借鉴国外车企研发流程的基础上,结合中国国情和比亚迪在汽车电子方面的传统技术优势,整合形成比亚迪独有的一套汽车开发流程和一整套针对整车性能测试的实验手段,为后续车型的自主开发打下了良好的基础。④

(二) 技术跨产业应用获得新能源汽车发展先发优势

比亚迪将其在消费电池领域形成的技术优势与不断积累的汽车研发

---

① 张文君:《毁誉参半 中国品牌历史系列之比亚迪》,https://www.autohome.com.cn/culture/201311/658444.html,2013 年 11 月 13 日。
② 江积海:《后发企业知识传导与新产品开发的路径及其机制——比亚迪汽车公司的案例研究》,《科学学研究》2010 年第 4 期。
③ 江积海:《后发企业知识传导与新产品开发的路径及其机制——比亚迪汽车公司的案例研究》,《科学学研究》2010 年第 4 期。
④ 廉玉波:《比亚迪通过开发 F3 形成了自己的方法和流程》,http://auto.sina.com.cn/news/2007-09-06/0933307806.shtml,2007 年 9 月 6 日。

与生产优势相融合。一是将其在电池制造领域取得成效的"人机协作"生产模式移植到汽车生产,用大量的劳动力和必要的机器代替全自动生产线,为比亚迪赢得了低成本高质量的竞争优势。[1] 二是将其在铁电池领域积累的技术与汽车研发经验相结合,以 F3 车型为架构原型,集成已有的动力电池技术开发了第一款搭载铁动力电池的 F3E 纯电动汽车,[2] 并以此为基础研发了全球第一款双模电动车 F3DM 以及第一款纯电动汽车 E6,开启了比亚迪新能源汽车发展的历程。

二 基于产业链关键优势环节的集成创新,成就产业引领者(2010—2017 年)

受限于当时的新能源汽车性能水平、消费者认知水平和充电基础设施条件等,2009 年新能源汽车尚未进入产业化阶段,比亚迪新能源汽车产品销量尚不成规模。2019 年 1 月,多部委联合发布《关于开展节能与新能源汽车示范推广试点工作的通知》(财建〔2009〕6 号),自此国家通过补贴、税收减免、支持充电设施建设等多种政策措施加大对新能源汽车产业的支持力度,中国新能源汽车产业发展进入快车道,新能源汽车性能指标不断提升,产业规模不断扩大,在此过程中比亚迪一直居于领先地位。E6 作为比亚迪推出的首款纯电动汽车,2010 年 1 月进入了工信部《节能与新能源汽车示范推广应用工程推荐车型目录》(第 6 批),并于同年 5 月获得科技部等四部委"国家重点新产品"认定。2014 年比亚迪又实现新能源汽车批量出货,至今一直保持着新能源汽车国内销量第一的地位。比亚迪领先优势的取得源自其在掌握产业链关键环节核心技术基础上的集成创新。

---

[1] 李伟、祝运海:《案例 | 比亚迪实力能否撑起野心?》,https://www.sohu.com/a/254308624_688230,2018 年 9 月 17 日。
[2] 刘家洋:《比亚迪新能源汽车创新生态系统发展模式与机制研究》,硕士学位论文,哈尔滨理工大学,2016 年,第 70 页。

（一）掌握"三电"核心技术

"电池、电机、电控"，简称"三电"技术，是新能源汽车的三大核心技术。比亚迪是国内乃至全世界少有的掌握"三电"核心技术的新能源汽车厂商，甚至全球电动汽车引领者特斯拉都尚未掌握动力电池电芯技术。在电池方面，比亚迪从1995年创立至今一直深耕电池领域，在电池结构设计和生产工艺方面有较强积累，在电池单体、模组、电池包和电池管理系统方面都形成技术优势，电池容量、循环寿命和稳定性等性能指标处于领先水平，"磷酸铁锂动力电池制造及其应用过程关键技术"项目荣获了2018年"国家科学技术进步奖"二等奖，同时在动力电池上形成了从矿产资源开发到材料研发制造、工艺研发、电芯研发制造、电池管理系统研发制造、模组研发制造、电池包开发制造以及最后的梯级利用回收全闭合产业链。目前比亚迪是中国第二大动力电池供应商，在全球范围内稳居前三名。比亚迪永磁同步电机技术水平领先，同时能够自主研发和生产三合一电机，三合一电机将电机、减速器和电控集成在一个模块中，能够节省布置空间和提升驱动效率。比亚迪驱动系统的总效率达到了业界一流的88%。比亚迪还拥有精密的制造能力，2018年比亚迪电机与电机控制器系统总出货量居全球首位。

（二）自主可控的集成创新

集成创新是中国很多后发企业的典型创新模式，但是由于缺乏关键核心技术或零部件，在创新和生产方面可能受制于人。掌握了关键技术和部件的比亚迪在集成创新方面具有更大的自主权。新能源汽车行业发展初期，关键技术尚不成熟、主导设计尚未形成、规模效应尚未显现，特别是实力弱的后来者难以找到既具备相当技术实力又能够全力配合的合格供应商。比亚迪自己掌握关键技术，因此在集成创新中可以掌握更多的主动权，比亚迪是全球所有汽车制造商中唯一拥有高性能动力电池研发和制造能力的车企，唯一一家能够自研和制造IGBT的车企，基于此形成了快速响应、迭代改进等领先优势，较其他企业提前布局下一代产品开发。如研发的电池可以第一时间装到新车上面进行试验，省去了不必要的中间环节，提升了效率。

三 基于构架创新建立开放创新生态，打造产业颠覆者（2018年至今）

汽车产业正面临百年未有之变局。除了动力系统向电动化转型外，在新一代信息技术的渗透下，智能化、网联化、共享化也是未来汽车产业重要发展方向。在电动化、网联化、智能化和共享化的浪潮下，汽车产品被重新定义的趋势明显，汽车产业处于颠覆性创新的前夜。在2018年10月召开的"世界智能网联汽车大会"上，比亚迪董事局主席王传福指出："智能化的关键是开放。在手机从功能机向智能机跨越的时代，诺基亚在短短几年时间失去霸主地位，不是品质问题，也不是管理问题，而是由于战略上的封闭。从封闭走向开放是手机智能化的关键，当前汽车行业也是到了这个节点，需要迈出全面开放的第一步。"[①]当前汽车电动化和智能化是未来产业竞争的焦点，各领域创新者开展的研究和产品开发越来越多，存在分散和重复等问题，没有统一标准，没有标准平台。从2018年开始，比亚迪通过构架创新，建立汽车电动化和智能化平台，构建开放创新生态，向产业颠覆者迈进。

（一）开发开放E平台，打造电动化"基础设施"

在电动化方面，比亚迪将20多年积累的电池、IGBT、电机、电控、电子等核心技术进行集成创新和优化布局，打造纯电动汽车专属的架构平台——E平台，平台具有驱动三合一系统、高压三合一系统、高性能动力电池、低压控制系统集成PCB板和DiLink智能网联服务系统五大核心功能模块。

E平台通过较高的集成实现电动汽车构架变革，优化整车布局让车

[①] 王传福：《智能化的基础是电动化》，https://www.sohu.com/a/260304323_430289，2018年10月18日。

辆结构更加紧凑，车辆性能得到提升。如在驱动系统上，E平台将驱动电机、电机控制器和减速器等三个部件合为一体，减少了部件间的复杂连接和线束的数量，从而让整体的结构更加紧凑、体积更小、重量更轻，成本也得到大幅度的降低。采用了驱动三合一后，驱动电机与电机控制器采用直连的方式，省去了三相线束、共用冷却系统，成本降低了33%，体积减小了30%，重量也减轻了25%，功率密度增加了20%，NEDC（New European Driving Cycle，新标欧洲循环测试）效率提升1%，扭矩密度增加17%[①]。E平台使电动汽车能耗效率和行驶可靠性得到提升，使消费者以更高的性价比、更好的用户体验，来感受新能源汽车带来的好处[②]。

E平台可帮助开发者提高创新效率。比亚迪E平台覆盖了多个级别车型，支持不同续航里程的车型，为用户提供高性价比、高性能、高品质且具有差异化的车型产品。基于E平台，汽车开发者可大幅度提升电动汽车的研发效率和迭代速度，利用集成化和标准化，有效降低零件成本和车型开发成本，降低风险，从而在价格和性能之间取得平衡[③]。2018年3月，比亚迪E平台开放，丰田汽车、长安汽车已经成为E平台的合作伙伴。

（二）开放D++生态，构建汽车生态圈

王传福认为，"未来的汽车，出行只是其主要功能1%，未来的99%功能，都将会由开发者创造出来"。[④] 2018年9月，比亚迪举行第一届全球开发者大会，并宣布面向全球创新者、创业者、开发者开放

---

① 黄阳：《比亚迪E平台技术解析33111分别指什么？》，https://www.sohu.com/a/301494233_100302690，2019年3月15日。
② 任明静：《比亚迪E平台已成为新能源平台化独角兽》，http://beijing.auto.sohu.com/20180511/n537395266.shtml，2018年5月11日。
③ 黄阳：《比亚迪E平台技术解析33111分别指什么？》，https://www.sohu.com/a/301494233_100302690，2019年3月15日。
④ 郑小红：《王传福：未来智能汽车让人"有家不回"》，http://money.163.com/18/0905/101DQUDRGVE00259ARN.html，2018年9月5日。

"D++生态",一方面开放所有341个传感器,包括充电救援、智能家居和驾驶日记等,开发者共享比亚迪的这些传感器数据;另一方面,开放了66项控制权,全球的应用开发者,可以安全而又合法地提取几乎全部的汽车信息和控制权限。[1] 到2019年,"D++"已吸引包括百度、360、华为、滴滴等众多知名企业和开发者,汽车智能生态应用超过300万个,比亚迪的秦Pro EV也成为全球第一款被百度Apollo认证的标准化自动驾驶硬件平台。[2]

第三节 比亚迪新能源汽车创新特点

一 长线投入攻克关键核心技术

比亚迪在新能源汽车领域的先发优势源自从进入汽车行业以来在相关核心技术和关键零部件方面长期不懈的投入研发与积累,在电池、电机和电控"三电"技术、动力总成、IGBT、充电桩、DiLink系统等领域均深度布局,掌握了电动化核心技术,在产品供应链自主可控方面创造了很多业界唯一,如比亚迪是全球所有的车企中唯一一家能够自制动力电池的车企,也是国内唯一一家拥有IGBT完整产业链的车企,这些核心技术的取得使比亚迪能有效缩短新能源汽车产品开发时间、提升新产品性能、降低新能源汽车价格,为比亚迪领跑新能源汽车市场奠定坚实基础。比亚迪在通过创新掌握关键核心技术方面有两个特点。

一是高强度投入保证高质量成果。2018年,比亚迪研发投入为85.36亿元,[3] 要高于同为千亿元级别的诸多同类车企。2018年,比亚

---

[1] 郑小红:《王传福:未来智能汽车让人"有家不回"》,http://money.163.com/18/0905/101DQUDRGVE00259ARN.html,2018年9月5日。
[2] 李阳:《比亚迪半年报:挤身〈财富〉前三背后的真相》,http://tfcaijing.com/article/page/77727332584b73444d585178695948445363463473673d3d,2019年8月22日。
[3] 比亚迪股份有限公司:《2018年年度报告》,2019年3月。

迪研发强度为 6.56%，① 高于国内其他自主品牌，甚至已经接近豪华车品牌，如 2018 年奔驰和奥迪研发强度分别为 7.5% 和 7.1%②。2018年，比亚迪研发人员数量达 31090 人，同比增长 13.10%；研发人员数量占比为 14.12%③，处于业界较高水平。在创新成果方面，截至 2018年 12 月，比亚迪全球累计申请专利超过 2.4 万项，其中已被授权专利约 1.6 万项，为企业创新发展提供了有力的技术支持④。在专利质量方面，2017 年 12 月，中国汽车工程学会和丰田汽车联合发布了国内汽车企业专利排行榜，在综合反映专利的技术复杂性、专利应用广度、权利稳定性的专利强度指数上，比亚迪居于榜首，高于国内其他汽车企业⑤。

二是长线投入逐步夯实研发基础。一方面，比亚迪在关键核心技术上一直持续研发。在优势领域不断迭代升级，引领技术发展。如独创动力电池 CID 技术，在电池出现异常情况时，通过电池内部的气体将电池电流切断，比亚迪是全球唯一有能力将该技术商用的企业；在电池结构上不断进行优化，推出"刀片电池"，采用新型 CPT 电池包，将电池单体直接组成动力电池组，可提高体积能量密度 50%、减少电池包制造成本约 30%，散热效果良好，具有高安全、长寿命等特点，整车寿命可达百万公里以上，这种新型电池将搭载在 2020 年的新车型上⑥。在弱势后发领域，不断实现进口替代。如 IGBT 是电控系统必需的核心零部件，占整车成本的 5%—10%，国内车用 IGBT 90% 以上依赖进口。

---

① 比亚迪股份有限公司：《2018 年年度报告》，2019 年 3 月。
② 周菊：《三大豪华车企 2018 年利润齐跌 研发投入飙升占比均超 7%》，http://www.sohu.com/a/303222846_118622，2019 年 3 月 23 日。
③ 比亚迪股份有限公司：《2018 年年度报告》，2019 年 3 月。
④ 曾辉：《顶尖车企需要中国技术，比亚迪联合丰田开发纯电动车》，https://m.zhitongcaijing.com/mip/content/detail/221566.html，2019 年 7 月 19 日。
⑤ 搜狐汽车：《专利数和强度均居榜首，比亚迪国内车企中研发最强》，https://www.sohu.com/a/211948987_629444，2017 年 12 月 21 日。
⑥ 费雪：《2020 年，比亚迪的机遇与挑战》，https://www.chinaventure.com.cn/news/80-20200120-351976.html，2020 年 1 月 20 日。

2005年比亚迪收购宁波中纬，并开始组建本土团队研发IGBT，持续不断地对IGBT整个产业链进行长时间的布局和研发，2012年自研并组装的IGBT模块，试装在E6纯电动车上，目前产品已经发展到第四代，并全面掌握IGBT芯片设计和制造、模块封装、大功率器件测试应用平台，有望实现进口替代①②。此外，比亚迪已投入巨资布局性能更加优异的第三代半导体材料碳化硅（SiC），预计到2023年，比亚迪旗下的电动车将全面搭载SiC电控。

另一方面，比亚迪完善实验室体系，建设先进实验设施。近几年，比亚迪每年投入十几亿元，用于提升研发手段和测试能力，已经建成100多个实验室，部分实验室达到世界先进水平。实验室建设为新技术研发、新产品开发和检测提供了坚实的硬件基础③。

二 多模式创新协同获取竞争优势

中国多数企业发展从模仿创新起步，尤其是劳动力密集型产业，在较长一段时间里借助低劳动力成本，采取低价策略进行市场竞争。比亚迪从成立至今，能够在国内外市场立足，也是从低端市场进入，以较高的性价比参与竞争，但与多数企业不同的是其价格和成本优势的取得不仅受益于中国的劳动力红利，更重要的是除依靠科技创新外，还通过流程创新、垂直整合的组织创新等多种创新模式协同构筑有别于同行的竞争力。

流程创新降低进入壁垒，提高生产灵活性。1995年比亚迪进入电池制造业时只有250万元启动资金，而日本公司一条镍镉电池生产线需

---

① 庄健：《比亚迪造芯丨中国新制造⑥》，https://baijiahao.baidu.com/s? id = 1619885785379938508&wfr = spider&for = pc，2018年12月15日。
② 费雪：《2020年，比亚迪的机遇与挑战》，https://www.chinaventure.com.cn/news/80 - 20200120 - 351976.html，2020年1月20日。
③ 廉玉波：《比亚迪高级副总裁廉玉波：新能源汽车往哪开?》，https://www.sohu.com/a/196507310_123145，2017年10月6日。

要几千万元甚至上亿元的投资。当时的比亚迪无力支撑昂贵的全自动化生产线，比亚迪创新性地设计出了独特的半自动化生产方式，把日本公司的全自动生产线分解为一个个工序以及若干个工位，通过自制设备和廉价的熟练工人来完成，凡是可以由人工完成的工序一律变成手工操作，只有一小部分不能由人工替代的环节由机器来完成。这种以"手工＋夹具"进行生产的生产线成本远远低于日本的自动化生产设备，获得了国外竞争对手难以模仿的成本优势和产品性能[1]。"人机协作"的流程创新除了降低进入壁垒外，还在生产灵活性方面较全自动生产线有更强的灵活性。全自动化生产流程转换产品品种往往需要几周时间，而比亚迪模式通过对人员进行调整，加上一两个小流程，几天就可能上一个新品种，满足用户多样化和个性化的需求[2]。在汽车制造领域，比亚迪延续了用大量的劳动力和必要的机器代替全自动生产线的模式，同样取得了良好的效果。

垂直整合的组织创新降低成本，掌握创新主动性。汽车产业经过百年发展，在大多数零部件、模块或生产环节已经拥有了相当成熟的技术和工艺。大部分制造商只从事汽车总装及少数核心零部件如发动机、变速箱的生产，其他外围零部件则选择向专业供应商采购，而车企更多集中于研发、总装、品牌和销售。比亚迪作为汽车产业的后来者在技术能力、质量控制、品牌影响和销售渠道等方面都不及国外车企和合资品牌，单凭装配不足以具有自己的竞争优势，也难以获得高额利润。低成本竞争就成为比亚迪的合理选择及核心竞争力，在此方面比亚迪并没有沿用更多企业的外购组装模式，而是采取垂直整合的发展模式，公司下属有几十个事业部，除了轮胎和玻璃不是自己生产之外，绝大多数的零

---

[1] 刘晓宁：《机会窗口、构架创新与战略绩效——后发企业跨越式发展纵向案例研究》，硕士学位论文，内蒙古大学，2017年，第18—19页。

[2] 曾明、[英]彼得·J. 威廉姆斯：《龙行天下》，机械工业出版社2008年版，第66—68页。

部件的研发和生产均由自己完成，甚至连生产零部件的设备都由自己制造①。在新能源汽车尚未规模化发展的时期，这种模式帮助比亚迪实现供应链可靠供货和降低成本。如在供货上，由于 LG 化学延期供应电池，导致奥迪首款电动 SUV E-tron 上市时间被迫推迟，而比亚迪能自供电池，从而保证了供货的可靠性。在降低成本上，动力电池毛利率在 40%左右②，这使比亚迪新能源汽车整车中电池成本低于其他外购动力电池的车企。

三 以核心技术创新为基础连续创业

比亚迪从电池行业起家，目前已经成长为一家横跨汽车、电池、IT、半导体等多个领域的企业集团③。比亚迪的多元化发展是以核心技术创新为基础的连续创业的过程，其延伸和拓展的脉络有迹可循，我们研究认为有两条主线。

一是抓住产业发展战略机遇，立足已有基础进入新领域。比亚迪在汽车领域的发展中抓住了两次汽车产业变革的战略机遇。第一次是 2003 年比亚迪进入汽车领域正值中国自主品牌汽车大发展时期，国内市场规模连续多年快速增长，特别是巨大且分层的市场给比亚迪等后来者提供了逆向创新的空间。比亚迪 F3 车型的成功是因为在中国汽车市场起步之初为消费者提供了一款满足基本需求的高性价比产品。第二次是 2009 年之后比亚迪开始在新能源汽车领域发力，这正值全球范围内汽车向电动化和智能化等方向转型的起步期。比亚迪抓住此次汽车产品被重新定义、汽车产业格局被重构的机会，开启正向创新之路。比亚迪之所以有战略转型的底气，在于其找到了已有优势领域与新领域之间结合的关键点，如以在手机电池及部件领域积累的模具开发和制造能力为

---

① 祝运海：《比亚迪遇到了什么难题？》，《中国经营报》2018 年 8 月 18 日，第 6—7 版。
② 祝运海：《比亚迪遇到了什么难题？》，《中国经营报》2018 年 8 月 18 日，第 6—7 版。
③ 比亚迪股份有限公司：《2018 年年度报告》，2019 年 3 月。

基础，通过收购北京吉驰汽车模具有限公司和本荻原公司旗下汽车模具工厂——馆林工厂，形成了汽车模具制造能力；电池领域的技术与产品能力成为比亚迪由汽车向新能源汽车领域过渡的连接点，这也是全球其他新能源汽车厂商迄今为止尚不具备的能力。王传福将这种模式称为"袋鼠模式"，就是袋鼠用两条长腿支撑起快速奔跑前进，同时育袋中复制、孕育新业务和新产品①，对于企业而言，技术就是袋鼠的两条长腿，育袋则把企业的知识和技术能力传递和传承到新业务中。比亚迪连续创业就是在以核心技术为根基的快速"奔跑"和成长中，实现跨产业"袋鼠跳"。

二是通过创新解决自己"卡脖子"问题的同时，不断孵化出新产业。比亚迪在新能源汽车领域完成了全产业链布局，但在"垂直整合"模式下，所有零部件都内部消化，装载在比亚迪的整车上。2017 年中国汽车市场进入存量竞争时代，市场规模增速下滑，2018 年市场规模首次告别十几年的增长，出现负增长。面对激烈竞争，比亚迪开始不再只是内部采购零部件，各个零部件事业部同样开始向外出售产品。如动力电池业务已经单独成立公司，扩大产能为其他车企供货，成为比亚迪新的增长点；此外，还与长安汽车成立规划产能达到 10GWh 的动力电池合资公司，开发的电池不仅搭载到长安车型上，在满足长安体系供货后也可向第三方销售。又如，比亚迪连续多年投入研发的 IGBT，截至 2018 年 11 月，累计装车量超过 50 万辆，但基本由公司自有体系所消化。预计随着新能源汽车产业的发展，对 IGBT 需求将增加，比亚迪正扩大产能，有机构分析认为 IGBT 将成为比亚迪继电池之后第二个实现对外供货的核心零部件，并预计将于 2021 年分拆上市②。

---

① 江积海：《后发企业知识传导与新产品开发的路径及其机制——比亚迪汽车公司的案例研究》，《科学学研究》2010 年第 4 期。

② 费雪：《2020 年，比亚迪的机遇与挑战》，https://www.chinaventure.com.cn/news/80-20200120-351976.html，2020 年 1 月 20 日。

第四节　比亚迪创新发展的启示与思考

一　创新是企业家精神的核心要素

企业家精神通常被认为是企业核心竞争力的重要来源，也是企业创新发展的灵魂。尽管企业家精神如此重要，但对于企业家精神的认识和理解尚未统一。由于所处时代不同，创新创业行业不同，所处的制度和文化环境不同，企业家个人成长经历与性格不同，即便成功的企业家身上也表现和反映出企业家精神的不同特征。改革开放四十多年来，中国较为知名的大企业，特别是民营企业背后，都有个性鲜明的企业家。我们认为，王传福在比亚迪发展过程中，尤其是在进入新领域的创新过程中，表现出的魄力和韧性，推动比亚迪一次次突破行业"天花板"，走入新领域并发展壮大。

企业家是志向高远的筑梦者。正如比亚迪的英文名字 BYD（Build Your Dreams）代表的寓意"创造你的梦想"一样，王传福就是企业的筑梦者。在比亚迪发展转型的关键时刻，王传福表现出先知先觉、高瞻远瞩的精神，对进入新领域展示出宽厚视野和敢于追求大视野的魄力。比亚迪进入汽车领域并不被外界看好，2003年1月，比亚迪宣布收购秦川汽车公司第二天，股价从18港元跌到14.45港元，一天之内下跌19.7%。但是王传福看到了基于电池技术进入新能源汽车的前景，敢为人先。谈及这些年来的多次决策，王传福坦言："我首先是一个工程师，也是企业家。在产品开发和企业战略上，我们工程师根据对技术的理解，来制定公司长远战略。比亚迪技术首先为战略服务，其次才为产品服务。别的企业可能认为技术就是为产品服务的，但因为我们对技术的理解深、看得远，我们定的战略比别人更长远、比别人更加正确。"① 王传福对梦想的追求并未止步于新能源汽车行业，2011年组建1000多人的研发团队，开始研发跨座式单轨列车——"云轨"，历时5年，投资50亿元，掌握了车辆、道岔、轨道梁、行车自动控制、转向架、车轿耦合等全产业链核心技术，2016年10月，在深圳坪山新区正式通车②。尽管各界对"云轨"存在各种质疑，但比亚迪仍在研发和推广上持续努力。

企业家是不畏创新失败的追梦人。比亚迪在新能源汽车创新过程中并非一帆风顺，但是王传福一直保持战略定力。2006年比亚迪开发了搭载磷酸铁电池的F3E，但受制于当时充电设施配套程度、政策法规和市场消费者接受度、技术水平以及成本等因素，纯电动车很难在市场生存，比亚迪决定放弃量产F3E，但并未停止在新能源汽车开发上的脚步。2008年，比亚迪在整合了内燃机技术和动力电池技术之后，完成了第一代DM系统的研发，同样受制于当时的新能源市场环境，F3DM在销量上也未能取得大的成功，但比亚迪仍没有放弃，在纯电动客车、乘用车等方面持续研发和积蓄力量，2009年之后在中国新能源汽车政策的驱动下，顺势而为，在新能源汽车领域取得快速发展。

通过对比亚迪的创新创业过程的研究，我们认为创新是企业家精神的核心要素，因此培育和弘扬企业家精神，关键在于为敢为人先的企业家提供能够开展创新的制度安排和开放公平的竞争环境，为不畏挫折的企业家创造宽容失败的环境和连续创业的要素条件。

二 有效政策设计为企业创新提供保障

从2009年实施"十城千辆"工程以来，中国电动汽车创新和产业

---

① 蒋城先：《从产品引领者到产业引领者 王传福布下百年大局》，http://auto.ifeng.com/c/7s6GSntpGrh，2019年12月3日。
② 费倩文：《比亚迪中小运量单轨"云轨"正式通车：耗资50亿元》，https://www.donews.com/net/201610/2940466.shtm，2016年10月13日。

政策不断完善，特别是2014年以来电动汽车产业政策进入密集发布和调整阶段，通过购买补贴、税收减免、政府采购、充电价格优惠、充电基础设施建设、不限行不限购等多策并举，形成了覆盖研发、生产、购买和使用等创新链各环节的政策体系。在政策的支持下，中国2017年电动汽车累计销量率先突破100万辆，① 2018年在全球电动汽车总销量中占据49%，② 比亚迪更是凭借技术创新与积累成为其中的领先者。

通过政策推动新兴产业发展是各国政府的普遍做法。中国新能源汽车产业通过政策支持取得了一定先发优势，但对相关扶持政策，特别是补贴政策存在争议，如其中出现过"骗补"现象，个别企业依赖补贴生存；还有观点认为高额补贴政策使企业在创新方面急功近利，盲目追求高能量密度，缩短开发周期。③ 如何在有效发挥市场机制的前提下，扶持新兴产业科学有序发展，培育创新型企业是政策制定和执行面临的重大挑战。结合比亚迪创新发展与国内外新能源汽车实际，我们认为，未来政策设计有以下几个关键点。

一是创新阶段转变，需要政策方式和手段的创新。中国企业和产业创新从追赶阶段走向并跑甚至领跑阶段，在既定目标下的选择性政策不适应高度不确定性的新兴产业。从国内外新能源汽车现阶段发展情况看，完全放权给市场的功能性政策并不是最有效率的，我们认为，"选择性"政策与"功能性"政策的有效组合是促进新兴产业发展的重要手段。

二是重视对新型创新组织的支持。新一代信息技术在更多产业扩散和渗透，使产品开发与使用和产业发展具有平台化和网络化特征，出现

---

① 高亢：《我国新能源汽车累计产销量超100万辆》，http://www.xinhuanet.com/fortune/2017-08/31/c_1121579705.htm，2017年8月31日。

② 搜狐汽车：《2018年全球新能源汽车销量年度榜单来了!》，http://www.sohu.com/a/292998729_81045a，2019年2月2日。

③ 欧阳明高：《电池安全技术是电动汽车革命性突破的第一关键》，https://www.gg-lb.com/asdisp2-65b095fb-34553-.html，2018年9月21日。

了平台型、生态型、联盟型等创新组织模式，如何对新的创新形态进行支持，如何对平台型企业进行规制都对创新政策提出新命题。当前汽车产业变革过程中，国内外各类企业之间合纵连横、建立协作关系，在分担创新成本、分散创新风险的同时，通过结盟锁定技术路线并构建生态圈，在中美之间存在贸易摩擦，甚至是科技脱钩倾向的背景下，如何能让中国企业有效组织或参与其中，是亟待解决的政策难点。

三是建立政策退出机制防止企业政策依赖。政策对新兴产业的扶持在完成"扶上马、送一程"的作用后，需要退出，让创新产品在市场竞争中不断发展和完善。在政策设计之初设置好退出机制并给企业明确的信号，有助于企业根据政策周期安排产品研发。如美国对每个车企销售的前20万辆电动汽车按照相关性能指标要求给予不同补贴，在企业累计销量达到20万辆之后补贴每半年减半，15个月之后全部取消。这种设计从某种程度上对所有企业一视同仁，同时给企业创新以紧迫感。

三 激发企业动力，提升产业基础能力

产业基础能力是在价值链和产业链上游对产业发展具有决定性影响和控制力的能力。产业基础能力弱是中国企业向产业链前端和价值链高端攀升面临的主要问题之一。在新能源汽车产业，比亚迪掌握"三电"供应链并有自己的独特技术，近几年又在IGBT上有所突破，是关键核心零部件创新的标杆企业，其创新历程对我们有以下启示。

科技和产业变革为关键核心零部件与世界同步提供机遇。纵观历史，每次工业革命都诞生新产业，其关键产品的基本构架和核心零部件在互动演进中形成既定的系统。中国错过前三次工业革命，以及与全球工业体系同步发展的机会，通过"补课"中国已经嵌入全球产业链体系，但是通过逆向学习与创新向体系的核心迈进仍有较大的壁垒。经过几十年发展，中国传统燃油汽车产销量已位居全球第一，但发动机、变速箱等核心部件仍为外资企业掌控。当前新一轮科技革命和产业变革将

催生一批新兴产业，它们的主导产品构架和核心元件尚未确定，各种技术路径仍在探索。在新能源汽车领域，在整车方面，不仅比亚迪在开发 E 平台，大众、丰田等传统汽车产业巨头也在搭建电动汽车开发平台，力图强化自己的构架体系；在核心零部件方面，中国与日本和韩国企业垄断动力电池市场，固态电池等新型电池是下一代电池竞争焦点。当前正处于新兴产业发展与变革的机会窗口期，为中国打造新兴产业基础能力提供难得的历史机遇。

产业基础能力提升需要耐心。当前比亚迪在新能源汽车上的领先优势并非一蹴而就，而是从其成立开始就一直在积蓄能量，是在不断进取中逐渐积累形成的。以 IGBT 研发为例，从 2005 年起比亚迪就在该领域布局，斥资 1.7 亿元收购宁波中纬半导体晶圆厂，并改名为宁波比亚迪半导体有限公司，同年又在深圳新建了 IGBT 模块封装工厂。在筹建深圳的模块封装工厂时，工程师们只能借助参观海外的同类生产线，学习如何选择生产线的加工设备，再通过不断试错摸索 IGBT 模块的制造工艺。这些努力直到 2012 年才有了初步成果。比亚迪自主研发的芯片开始组装成 IGBT 模块，并试装在公司自产的 E6 纯电动车上。[1] 从最初投入到初见成效，比亚迪用了十年时间。这在政策上给我们的启示是，应探索支持关键核心零部件创新的长期持续性政策，实施鼓励和引导企业对关键核心零部件进行长周期投入的政策。

整机用户在核心零部件创新中具有重要地位。作为产业基础能力的载体，核心零部件或关键材料面向的是企业级用户，而非终端消费者，这些零部件要嵌入用户的产品或生产线，因此用户对其性能、稳定性和质量有较高要求。首批次核心零部件与首台套重大装备一样，即便技术上有所突破并形成产品，很多用户也不敢率先采用。比亚迪是新能源汽

---

[1] 庄健：《比亚迪造芯 | 中国新制造⑥》，https://baijiahao.baidu.com/s?id=1619885785379938508&wfr=spider&for=pc，2018 年 12 月 15 日。

车整车企业,在动力电池研发、IGBT 选用方面具有主导权,在带动关键零部件销售和推动下一代技术研发方面具有天然优势。这就需要决策者实施激励政策,鼓励和支持用户企业采用核心零部件首批次创新产品,与零部件供应商合作研发。

第四章

沈阳新松：中国科研院所技术创业的典范

机器人是智能制造时代迈向工业4.0时代的重要载体，也是未来科技革命和产业变革竞争的制高点。沈阳新松机器人自动化股份有限公司（以下简称"新松公司"）是以"中国机器人之父"——蒋新松院士名字命名的高科技公司，是中国机器人产业发展的先行者。新松公司脱胎于中国科学院沈阳自动化研究所，发展过程中始终坚持通过技术的创新与积累，不断填补中国机器人领域技术和产品空白，打破国外垄断，不断发展裂变成为中国机器人产业的领头羊企业，探索出一条科研院所以技术创业衍生创新企业的发展道路。

第一节　新松公司发展历程

新松公司创建于2000年4月，由中国科学院沈阳自动化研究所发起，联合沈阳火炬高新技术开发中心、辽宁科发实业公司、辽宁科技成果转化公司、中国科学院沈阳分院四家法人单位及四名中国科学院沈阳自动化研究所研究骨干共同设立，成立至今经历了四个发展阶段。

一 初创阶段（2000—2004 年）

在新松公司成立之前的 1994 年到 1998 年，中科院沈阳自动化研究所所属的机器人技术国家工程研究中心已经在机器人技术、产品系列、生产制造条件、市场份额及质量保障方面建立了规模化生产的基础。到 1998 年，其系列机器人及周边装备、AGV[①]物流与仓储自动化、大型自动化装备等产品的技术水平在国内处于领先地位，部分达到世界先进水平。新松公司成立后，以技术为先导，凭借已有技术基础和特色鲜明的机器人与自动化产品，占领一定的市场份额，试运行第一年移动机器人产品占据了全国 30% 的市场份额，在摩托车行业里更是高达 80%。2002 年年底，新松公司进行了企业组织和流程再造，着重优化整合了产品开发、工程设计、行政管理、营销体系等部门，加强了经营和生产环节，初步创立"新松"品牌。到 2004 年，新松公司完成了企业的基础建设，规范了企业的管理，建立了完善的现代企业管理制度，2004 年公司销售收入超过 3 亿元。[②]

二 成长阶段（2004—2008 年）

2004 年年底新松产业园的建立标志着新松公司在机器人行业有了基本的立足之地，企业进入快速成长期，进一步强化技术创新，保持技术领先，不断拓展机器人产品，在迅速扩大产业规模的同时，以资本为杠杆，实现快速的资本扩张。随着企业规模不断扩大，企业经营需要更加专业化，2005 年新松公司撤销营销部，组建轨道交通事业部和自动化产出事业部，工程技术人员与客户实现直接对接，彻底打通产品市场化"最后一公里"，通过流程再造助推公司走向裂变式发展。之后新松

---

① AGV 是 Automated Guided Vehicle 的英文缩写，译作"自动导引运输车"，本章简称"移动机器人"。

② 王鸿鹏、马娜：《中国机器人》，辽宁人民出版社 2017 年版，第 186 页。

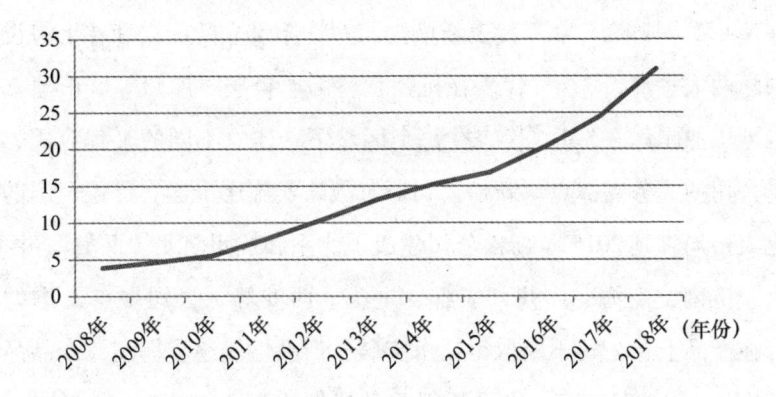

图 4-1 新松公司营业收入（单位：亿元）

数据来源：新松公司历年年报。

公司产品不断丰富，组织机构随之不断裂变，在产品方面形成了工业、服务和特种三大类、五个品种机器人，覆盖机器人全部产品种类，在组织构架上围绕不同品类形成了 11 个事业部。在此阶段，新松公司规模快速增长，2008 年营业收入达到 3.86 亿元，产品在国内市场的认可度显著提高，在国内市场的占有率不断攀升，如 AGV 系列产品在中国汽车整车装配生产线市场占有率由 2006 年的 75% 增长至 2008 年的 80% 左右；弧焊机器人市场占有率由 2006 年的 20% 增长至 2008 年的 30% 左右。①

三 快速发展阶段（2009—2015 年）

2009 年 10 月 30 日，新松公司作为创业板首批 28 家上市公司之一，正式在深交所挂牌上市，成为中国机器人产业第一股，也标志着新松公司开始进入快速发展阶段。新松公司上市正处于 2008 年金融危机后经济回暖期，为快速响应市场，赢得发展主动权，新松公司开始实施

---

① 沈阳新松机器人自动化股份有限公司：《首次公开发行股票并在创业板上市招股说明书》，2009 年 9 月。

"2+N+M"战略,"2"代表新松公司在沈阳设立的国内和在上海设立的国际两大总部,"N"代表在杭州、青岛、重庆、广州等城市建立多个区域工业园区,"M"代表在每个区域下,建立不同的工程应用、服务子公司的业务支撑点。新松公司通过战略实施逐步建立覆盖全国的网络化大格局,到2015年新松公司建成了沈阳和杭州南北"两翼"并举,北京、济南、上海、广州、成都、重庆、西安等子公司多点支撑的格局。在产品上,公司不断取得技术突破,产品性能逐步提高,产品品类不断增加,如2015年,公司开创首条机器人用于冲压生产线的先河,该生产线用于加工宝马2016年新款车型的零部件,这也是全球第一条中国民族品牌机器人为国际高端汽车品牌提供冲压零部件的生产线;研发的液晶电视曲面模组卡合技术成功实现国内第一例曲面电视生产装配工艺自动化;仓库机器人成功实现国内首次批量应用到3C行业等,工业机器人系列产品达到数十种,载重从6kg到500kg,应用覆盖了焊接、装配、打磨、抛光、码垛、涂装、冲压等领域,为汽车、电子电器、电力、食品、医药等行业提供系统化服务。2015年,新松公司营业收入突破15亿元,达到16.85亿元。

四 拓展融合阶段（2016年至今）

"十三五"时期,中国进入经济高质量发展、制造业转型升级的关键阶段,新松公司确定了以创新、人才、资本为驱动要素,"内生式+外延式"相融合的发展战略[1],主要通过三个方式实现发展。一是搭建并完善创新、产业及金融三大平台,最大限度整合优质资源,以快速扩大公司规模。二是凭借公司的行业影响力,融合内外部的优势资源,加强与组织协同合作,如与各行业知名企业达成战略合作伙伴关系,共同推进企业智能化升级改造;以理事长单位身份发起组建或参与的平台组

---

[1] 沈阳新松机器人自动化股份有限公司:《2015年年度报告》,2016年3月。

织包括中国移动机器人产业联盟、中国机器人产业联盟、中国机器人产业技术创新战略联盟、中科院智能制造与机器人技术创新与产业化联盟等。三是加强与沈阳自动化研究所、清华大学、东北大学、上海交通大学、上海大学等国内重点高校和科研院所的沟通与合作，搭建技术创新与人才引进的平台。在产品上，新松公司通过创新推动机器人核心技术与产品迭代升级，深层次融合人工智能、物联网、大数据等技术，开拓数字化物联新模式的应用，行业地位得到稳固和强化，2018年营业收入首次突破30亿元，达到30.95亿元。[①]

第二节 新松公司的创新路径

新松公司在中国机器人市场开放的环境下，以后来者身份与国外公司竞争，走出了以科技支撑的产品创新为核心，沿着纵向产业链和横向产品链开展协同创新，再延展到打造平台型企业赋能创新生态的创新之路。

一 抓住控制器这一核心部件，以集成创新起步

机器人产业是典型的技术、人才、资金密集度高的"三高产业"，进入壁垒较高。20世纪90年代初期，在新松公司正式成立前，沈阳自动化研究所已经拥有了部分机器人关键技术，但在机器人的原始技术和市场化经验方面还是空白。高校和研究所以基础技术研发为核心，这些机构做出来的机器人产品在进行精密作业时，定位精度和重复定位精度都差得很远，也就是说，尽管新松公司创业初期团队拥有核心技术，但是在独立实现产业化方面仍存在差距。

---

① 沈阳新松机器人自动化股份有限公司：《2018年年度报告》，2019年3月。

新松公司成立初期，曲道奎带领团队对企业当时的现状和技术进行了梳理和评估，认为新松公司发展最大问题是上下游产业链不能完全支持机器人本体的全部国产化，尽管机器人产品的产品链并不长，但在每个关键技术环节上取得研发的突破性创新均比较困难，在核心部件和控制技术上的研发周期很长，科研攻关项目周期一般在3—5年，短期内要想改变国产机器人核心技术受制于人的情况是很难的。[①] 同时，国内整个机器人市场国产化率低，给沈阳自动化所配套协作的科研单位研发的机器人本体不过关，而四大国际机器人厂商[②]已经占据了绝大部分市场份额，与之相比，新松公司无论在生产规模、资金实力、技术积累等方面都处于弱势。因此新松公司作为后来者，依托中科院背景，凭借自动化所多年的技术积累从控制器出发通过集成创新和定制化服务进入机器人产业。新松公司第一批规模化产品是以自己开发的控制系统为核心，将自己的控制器匹配从日本安川公司购买的19台工业机器人部件，组装了点焊、弧焊机器人，实现了新技术成果产业化，成为新松公司初始市场化的基础。

新松公司凭借在控制器方面的核心技术开发的"弧焊、点焊以及移动机器人"三项产品获得国家重点新产品证书，并通过ISO9001质量管理体系认证。尽管新松公司从建立之初就拥有机器人领域的关键技术，但与实力强大的国外机器人公司相比仍是后来者，要迅速进入"三高"产业，不能从零开始完成全部部件的设计和生产，这样做自主开发周期时间长，用户不能接受，也有可能会错过进军机器人市场的最好时机。因此，新松公司以集成为起点的创新之路也是很多中国企业初入市场，既"无奈"，又"智慧"的现实选择。

[①] 杨梦：《机器人成"长"记——新松机器人公司集成创新模式案例研究》，硕士学位论文，东北大学，2016年，第16页。

[②] 国际机器人四大厂商包括ABB、库卡、FANUC、安川。

二 从机器人产品出发，向产业链上下游延伸

新松公司的创新以核心技术为基础，从机器人产品出发，不断向产业链相关环节延伸，向上进入核心零部件环节，向下打造一体化解决方案供应商，已经打造出集自主核心技术、关键零部件、领先产品及行业系统解决方案于一体的完整产业链。

自主研发攻克核心部件"软肋"。中国机器人企业多以组装加工为主，减速器、传感器、控制器等核心零部件大部分依赖进口，推高了机器人企业生产成本，降低了市场竞争力。另外，很多国际公司本身就是新松的核心部件供货商，如FANUC是世界上最大的专业数控产品生产商，松下和安川均是全球知名的电机制造商，这使新松公司的竞争对手们在成本上更具有先天优势。新松公司虽然有较强的集成能力，但核心零部件受制于人是其发展的软肋，新松公司要实现规模化发展，必须具有核心零部件研发能力，这种能力的形成和提升离不开相关技术研发平台的建立。新松公司依托"863"计划"工业机器人高精度高效率减速器开发"项目搭建减速器应用实验平台，对国内外减速器产品进行实验对比和分析，研发了工业机器人精密减速器。在控制器方面，新松公司自主研发SIASUN-GRC机器人控制器，形成了先进的高性能机器人控制系统，整体性能达到国际先进水平，是国内第一个可商品化的机器人控制器。在伺服电机方面，2015年10月，新松公司出资成立了沈阳新松智能驱动股份有限公司，主要进行核心零部件的研发与生产。新松公司部分种类的工业机器人已经配套了自主研发和生产的伺服电机。[①]

融合新一代信息技术打造数字化解决方案供应商。新一代信息技术的不断进步推动制造业服务化转型步伐加快，新松公司把握新趋势，将

---

① 王鸿鹏、马娜：《中国机器人》，辽宁人民出版社2017年版，第254页。

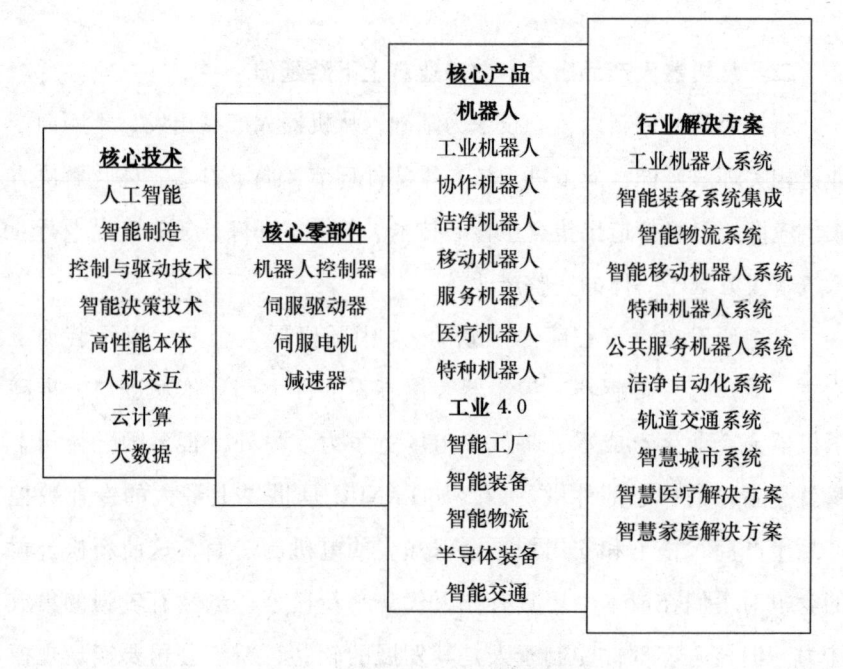

```
┌─────────────┐
│  核心技术    │
│  人工智能    │ ┌─────────────┐
│  智能制造    │ │  核心零部件  │ ┌─────────────┐
│ 控制与驱动技术│ │             │ │  核心产品    │ ┌─────────────┐
│  智能决策技术 │ │ 机器人控制器 │ │   机器人     │ │ 行业解决方案 │
│  高性能本体  │ │  伺服驱动器  │ │  工业机器人  │ │ 工业机器人系统│
│  人机交互    │ │  伺服电机   │ │  协作机器人  │ │智能装备系统集成│
│   云计算     │ │   减速器    │ │  洁净机器人  │ │  智能物流系统 │
│   大数据     │ │             │ │  移动机器人  │ │智能移动机器人系统│
└─────────────┘ └─────────────┘ │  服务机器人  │ │  特种机器人系统│
                                 │  医疗机器人  │ │公共服务机器人系统│
                                 │  特种机器人  │ │  洁净自动化系统│
                                 │   工业 4.0   │ │  轨道交通系统 │
                                 │   智能工厂   │ │  智慧城市系统 │
                                 │   智能装备   │ │智慧医疗解决方案│
                                 │   智能物流   │ │智慧家庭解决方案│
                                 │  半导体装备  │ └─────────────┘
                                 │   智能交通   │
                                 └─────────────┘
```

图 4-2　新松公司全产业链布局

资料来源：企业网站 http://www.siasun.com/index.php?m=content&c=index&a=lists&catid=225。

自主研发的控制与驱动技术与人工智能、大数据、物联网等新一代信息技术结合，引领机器人向更加智能化发展的同时，推动自身向数字化解决方案供应商转型。在前沿技术应用上，新松公司以领先的机器人技术融合人工智能开发了多项技术，大幅提高机器人智能化、数据化程度，开发了视觉图像处理系统、语音语义识别系统、人脸手势识别系统等，并将相关技术在工业机器人、服务机器人等产品上实现了应用。在向服务化转型方面，新松公司注重融合软件技术，完善产品生态，包括加强MES、ERP 系统等应用软件的开发，形成 MES 和 ERP 系统通用平台开发，在加快产品"软化"的基础上，形成涵盖自动化设备、MES 与 ERP 系统，以及云计算和大数据深层次挖掘应用在内的整体解决方案，并提供相关服务。2018 年，新松公司的移动机器人突破在汽车、一般工业等领域的应用，可为对操作空间有洁净要求的场地提供自动化运营解决方案，洁净机器人在产品系列化的基础上，业务从单元产品向平台化晶圆传输解决方案供应商转变。新松公司通过科技创新在核心零部件、单元产品、成套装备等方面建立的优势为其向数字化解决方案供应商转型奠定了基础，向数字化解决方案供应商的转型可以进一步整合公司内部的资源，带动公司产业链螺旋式整体攀升，提升企业整体创新能力和市场竞争力。

三 自主核心技术为支撑，加速拓宽产品创新领域

新松公司依靠自主创新的核心技术，敏锐捕捉中国制造业向智能制造转型升级的市场机会，围绕新需求进行创新，逐步健全了工业机器人、移动机器人、洁净机器人、特种机器人和服务机器人五大类、80余种机器人产品及数字化工厂业务。新松公司制造的工业机器人产品性能领先。公司还是国内唯一的洁净机器人产品和解决方案供应商，打破被日本、韩国、美国及欧洲国家垄断的局面；其移动机器人占据国内汽车市场、电力市场份额的90%以上，产品批量出口国外。新松公司以市场为导向进行"横向"拓展的创新，主要包括两条路径：一条是以核心技术为基础向相关应用领域延伸，不断填补市场空白；另一条是嵌入本土用户知识，满足国内用户特殊需求。

以核心技术为基础向相关应用领域延伸。新松公司的工业机器人最早从汽车领域起步，在准确预测中国未来一个时期内面临改善城市交通结构、缓解交通压力问题的情况后，将公司工业自动化技术拓展和延伸到地铁行业，进入市场空间广阔的轨道交通领域；鉴于自动化装配与检测产业整体规模较大，又是国家重点鼓励发展的行业，国内从事自动化生产线开发、研制、生产的企业将面临更大的发展空间，新松公司生产的机器人进入了自动化装配与检测生产线制造工程领域。近几年，中国劳动力成本上升导致越来越多的产业开始寻求机器人自动化解决方案，

但在行业需求初现的时期，产品种类众多、体积普遍不大、对操作人员的灵活度/柔性要求高，需要能够满足人机协作和交互，且成本可控的产品。新松公司抓住这个机遇，提早布局研发协作机器人。2018 年，新松公司的协作机器人成功进入汽车、家电、半导体及医疗行业，充分发挥高精度、人机共同作业的特点，打开协作机器人市场化的新局面。同时，2018 年新松公司还完成负载 20kg 的协作机器人与复合机器人的产品定型，并研发出第二代乒乓球机器人庞伯特，其中 SCR5 协作机器人获得 2018 年世界机器人大会最具创新产品奖；复合机器人 HCR20 荣获工博会工业设计金奖。

嵌入本土用户知识，开发满足本土客户需求的产品。中国的工业机器人与自动化成套装备行业采取制造与成套设计相结合的经营模式。工业机器人与自动化成套装备供应商通过生产或外购机器人单体及关键零部件产品，按照客户需求设计方案自行设计、生产非标准成套设备。由于各行业生产和公司特点存在较大差异，新松公司在进入每个领域的时候都需要与用户进行合作，并进行充分的知识共享与创造，关键难点在于将用户生产过程中的缄默知识嵌入自己的设备中。相对于跨国公司向中国客户提供的产品开发、生产和售后服务连续性不强，项目提交过程复杂等弱点，新松公司充分发挥本土厂商的优势，在研究开发、生产控制以及售后服务等环节具有明显的竞争优势，更能适应中国企业发展的需要。在研究开发方面，新松公司在项目实施初期即与用户保持密切接触，邀请用户联合参与设计和调试，更能充分地满足客户个性化需求。同时，新松公司为客户提供开放式软件，使客户具备在系统应用后扩充、调整系统功能的空间。在售后服务环节，新松公司提供人员培训和交流，备件供应也较为充分和方便。此外，新松公司还建立了维修人员定期回访用户制度，通过专业工程技术人员协助用户进行系统的维护。

四 以平台搭建为引领,从内部集成创新走向赋能协作

平台型产品和服务是数字时代企业创新的重要方向,也是获取竞争力的重要来源。未来机器人的价值主要体现在产品附加值,即操作系统和应用平台,通用软件平台(操作系统)将对降低机器人开发门槛和应用成本发挥积极作用。将工业机器人与大数据、物联网持续融合,实现控制系统标准化和操作系统平台化是工业机器人产业未来发展的重点。新松公司抓住变革机遇,在实现产业链集成的基础上,进一步向更底层基础和更上层系统延伸,构建工业互联网平台,打造智能制造生态中的平台型企业。近两年,新松公司着力为工业机器人行业应用提供通用化平台,夯实工业互联网发展基础。从 2017 年开始搭建工业机器人智能软件开发平台,采用积木、分布式软件开发框架,使基础功能模块与应用模块紧密交互,实现数据共享。新松公司基于 MES 底层通用功能,开发新松 MES 通用平台,该平台集成各类离散型加工制造产线底层共性功能,在 MES 项目实施中可根据不同行业客户需求快速进行二次开发,缩短开发周期,降低开发成本,已在客户端实现应用。2018 年新松公司研发的面向各类物联网设备的大型物联网应用平台——环境监控云平台上线,可实现海量介入、协议适配、数据分析应用,是贯穿整个物联网链条云端的全能力平台。平台的构建使新松公司从产业链内的小集成,走向以平台为基础的大协作,为更多的创新型企业和用户赋能,并在协作中共同创造价值。

第三节 新松公司创新特点

一 以较高的创新投入强度,弥补后发劣势

新松公司作为后发企业,在技术积累和企业规模等方面与领先的

国外企业存在较大差距,为缩小差距,公司一直加大投入力度,研发投入从2009年的1653万元,增长到2018年的1.95亿元,年复合增长率为127%,超过同期营业收入年复合增长率,其间研发强度平均为4.62%,2017年和2018年均超过6%。2018年,新松公司研发投入强度高于ABB(4%)、安川电机(4%)、库卡(4%)等国际领先企业。

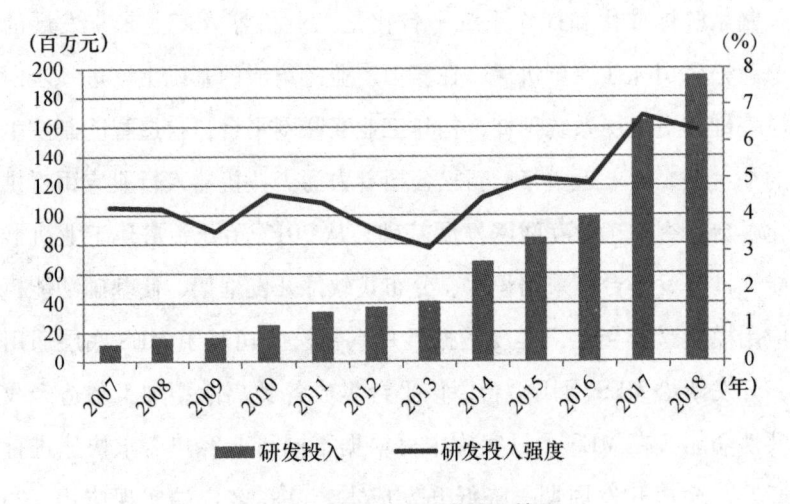

图4-3 新松公司研发投入情况

资料来源:新松公司历年年报。

创新人才是新松公司赖以发展的主体。孕育新松公司的中科院沈阳自动化研究所一直是中国高端机器人人才培育的摇篮,代表着中国机器人研发的最高水平。新松公司在人才上以此为高起点,不断拓展学科领域,加强人才引进与培养,在持续创新中锻炼和不断扩充自身的实力。研发人员一直是公司人员构成的主体,研发人员数量由2011年的769人扩张至2018年的2908人,近年来研发人员占职工比重一直超过60%,2014年最高达到67.62%。新松公司一直认为只有依靠创新人才才能释放巨大的创新能量,建立和完善研发和技术队伍才能保证企业发展站在行业前沿。在人才选拔与能力提升方面,新松公司形成了"全开放式招聘+矩阵式培训"模式，招聘渠道是全开放式的，通过猎头、网络招聘、社会招聘、校园招聘等各种方式，在研发人才培养上，以导师制为主，凭借得天独厚的师资条件，对技术性人才进行"一对一"或者"多对一"的专门培养。①

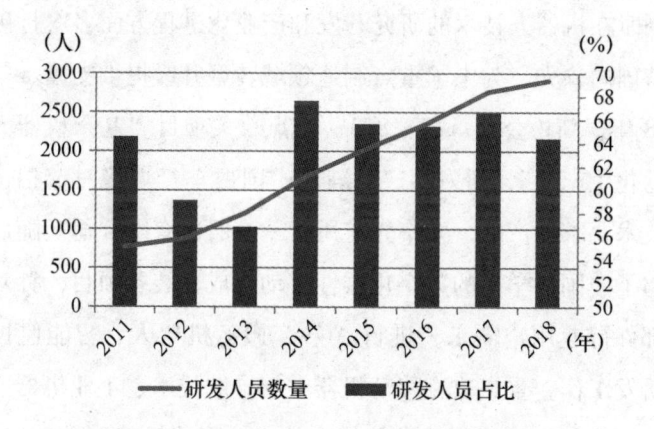

图 4-4　新松公司研发人员数量及占比

资料来源：新松公司历年年报。

二　融入国家发展战略，打破空白形成拳头产品

经过多年的发展，机器人技术在发达国家已逐步走向成熟，机器人技术水平及应用程度成为衡量一国工业竞争力的重要标志，主要工业强国高度关注机器人产业。中国对机器人研发的支持始于 1987 年启动实施的"863"科技计划，机器人被列为自动化技术领域的重点专题，之后机器人技术一直受到国家科技计划的支持。进入 21 世纪，随着中国低成本劳动力红利的逐渐消失，以及制造业国际竞争的日益激烈，中国企业对自动化技术及机器人的需求日益迫切，国家将机器人产业上升到战略层面，列入战略性新兴产业和制造强国建设重点领域，给予大力支持。

---

① 齐向宇：《人才地图里走来了机器人——对话新松机器人股份有限公司董事长曲道奎》，《人力资源》2015 年第 11 期。

新松公司作为中国机器人领域的领先企业积极承担和参与国家重大科技计划和工程，国家级项目为新松公司开展前沿技术研发提供平台。在"八五"到"十三五"期间，新松公司多次承担科技重大专项和"863"计划重大项目课题，为公司未来新产品产业化提供有力的技术保障，同时在机器人技术的研究开发和产业化进程方面多次打破国外垄断，保持国内领先，为中国重点制造领域转型升级提供支撑。

2008年，新松公司承担"863"重点攻关项目"基于机器人的汽车焊接自动化生产线"，研发生产出满足中国白车身焊接对节拍、柔性和智能化技术要求的产品，并率先应用于一汽股份有限公司。随后新松公司又承担了中国科学院的数字化柔性自动化成套装备项目，针对汽车及汽车零部件行业用户需求，进行AGV、搬运机器人、智能监控等核心部件的研发工作，重点攻克移动机器人的导航技术、工业机器人本体智能控制技术和网络化控制技术等核心技术，形成系统完善、稳定性强、具备国际先进水平的数字化柔性生产线装备，同时作为示范应用，彻底打破国外行业垄断，促进了新松公司系统技术的成熟和技术的多元化集成发展。

新松公司在重大科技专项中，承担02专项"极大规模集成电路制造装备与成套工艺"的子项目"IC装备机械手及硅片传输系统系列产品研发与产业化"，项目成果洁净（真空）机器人填补了国内空白，并赢得国内外用户的青睐。原来打算从美国进口洁净（真空）机器人的北方微电子公司中止与美国的谈判，改用新松公司研发的国产洁净（真空）机器人。新松公司在项目成果的基础上不断研发，相继开发出真空洁净镀膜机械手、真空洁净搬运机械手、真空洁净物流自动输送设备等产品，形成了能够完成全套"交钥匙"工程的能力，成为国内在半导体、LED、光伏、核电、医药等行业唯一的洁净（真空）机器人解决方案供应商。

表4-1　　　　　　　　　　　　　新松公司承担的重大项目

项目类型	项目名称
科技重大专项	·"极大规模集成电路制造装备及成套工艺"科技重大专项"300mmIC生产线自动物料搬运系统研发与应用"项目、"IC装备机械手及硅片传输系统系列产品研发与产业化"项目等 ·"高档数控机床与基础制造装备"重大专项"新型焊接等工业机器人项目"
重点科技计划项目	·"十三五"国家重点研发计划"公共安全风险防控与应急技术装备"专项"无人应急救援装备关键技术研究与应用示范"项目、"十三五"国家重点研发计划"重大科学仪器设备开发"专项"工业机器人整机综合性能测试仪"项目、"高分辨率角位移传感器研制与产业化"项目"可靠性设计及产品验证"课题、"十三五"国家重点研发计划"智能机器人"专项"机器人操作系统及开发环境研究与应用验证"项目、"机器人操作系统应用验证"课题、"面向敬老院的老人辅助机器人研制与系统集成示范应用"项目"老人情感陪护机器人研制"课题、"机器人系列化高精度谐波减速器开发及智能制造示范"项目"机器人谐波减速器系统匹配性及全生命周期性能评估研究"课题 ·"十三五"国家科技支撑计划专项"机器人嵌入式系统研发与应用示范"项目"国产机器人嵌入式实时操作系统应用示范" ·"十二五"863计划"机器人模块化技术的典型行业应用示范"项目、"经济型机械加工机器人及集成应用"项目、"50公斤级便携式自助观测系统开发"课题 ·"十二五"国家科技支撑计划"胃镜诊断治疗辅助机器人系统研制"课题、"移动式机器人化生命探测与搜索装备研发"课题 ·"十一五"863计划"工业机器人控制器开发"项目、"机器人模块化技术的典型行业应用示范"项目、"机器人模块化功能部件产业化"项目、"服务机器人"项目、"基于机器人的汽车焊接自动化生产线"项目、"造纸行业包装搬运机器人系统的开发和应用"项目、新材料领域"工业化高功率全固态激光器及成套焊接装备"项目、"工业机器人高精度高效率减速器开发"课题、"汽车自动变速箱自动化装配生产线"课题、"FPD基板搬运机器人及自动化成套装备的开发与应用"课题 ·中国科学院院地合作项目"数字化柔性自动化成套生产线装备"项目 ·辽宁省科技创新重大专项项目"智能型搬运与加工机器人" ·山东省重点科技项目"井下救援探测机器人项目"
产业化项目	·"十二五"智能制造发展专项项目"基于机器人的汽车焊接自动化生产线"、物联网发展专项基金项目"基于物联网的工业机器人系统开发和应用"项目 ·智能制造综合标准化项目"机器人制造数字化车间制造单元与工艺研究与标准验证"课题 ·工业强基工程项目"智能工业机器人实时操作系统及软件包实施方案"项目 ·产业振兴与技术改造专项"工业机器人零部件集成应用及制造检测生产线改造"项目 ·"新一代信息基础设施建设工程和互联网+"重大工程"工业机器人智能系统关键技术研究与应用"项目

资料来源：根据新松公司历年年报整理。

三 深耕厚植关键核心技术，构筑知识产权和标准护城河

深耕厚植关键核心技术，形成竞争力长板。新松公司是国内最早实现机器人控制器自主化的企业。从创立开始，新松公司一直对控制器技术及产品进行迭代升级，采用先进的驱动控制技术，配置新一代高度集成的机器人"大脑"，在作业数量、指令限制、模块化柜体设计、对外接口等方面进行设计，促进工业机器人在处理能力、安全性与可靠性方面大幅提升。如 2015 年，新松公司研制出新一代机器人控制器产品，增加了视觉、力觉等智能传感器信号采集与控制的功能，并且采用新型高速实时总线技术提升了机器人的控制速度和工作效率，同时，采取了一系列降低系统功耗的方法，实现了控制器的节能与环保；2016 年，针对 7 自由度协作机器人、双臂机器人、复合型机器人的应用设计，研发系列化新型控制器与控制系统；2016 年到 2018 年承担工业强基工程"智能工业机器人实时操作系统及软件包实施方案"项目，面向智能型工业机器人应用领域，研发嵌入式 ARM 控制器、X86 控制器和高性能多核控制器产品，开发操作系统，实现控制器批量化生产与产业化应用。

重视科技成果保护，构筑知识产权和标准护城河。新松公司非常重视将科技成果转化为知识产权，知识产权拥有量逐年增加，并以发明专利为主。截至 2018 年年末，新松公司拥有有效专利 281 项，软件著作权 75 项，其中发明专利 152 项，实用新型专利 82 项，外观设计专利 47 项。新松公司是中国机器人标准化总体组组长单位，到 2017 年年底，新松公司主导制定的国家标准草案 7 项，包括工业环境用移动操作臂复合机器人通用技术条件、机器人力控制技术规范、洁净机器人通用技术条件、餐饮机器人通用技术条件、机器人分类、机器人安全总则和指导规范以及服务机器人性能规范及其试验方法，参与制定国家标准 2 项，即特种作业机器人分类、符号、标志和特种作业机器人术语缩略语。截

止到 2018 年年底，新松公司共拥有 29 项企业标准。

表 4-2　　　　　　　　新松公司专利拥有情况

年份	发明	实用新型	外观设计	软件著作权
2009	6	24	—	—
2010	15	30	5	—
2011	18	43	—	—
2012	18	51	—	—
2013	20	47	11	—
2014	29	68	11	—
2015	71	59	13	24
2016	111	67	22	30
2017	132	68	33	50
2018	152	82	47	75

注：1. 数据来源：根据新松公司历年年报整理。
　　2. 2016 年发明专利包括 1 项美国授权的 PCT 专利。

四　形成分层分工、内外协同的创新体系，不断提升创新能力

新松公司在"2+N+M"组织架构的基础上，搭建了分层分工、内外协同的创新体系，通过高效集成内外部创新资源，使创新能力和水平不断提升。

搭建国家、企业、事业部三级技术研发平台和产学研融合的研发体系。多年来，新松公司一直以国家、企业和事业部三级技术体系为构架打造内部创新体系，在国家层面是以承担国家机器人重要攻关课题和创新项目为主要任务的国家级研发平台；在企业层面是以承担公司发展战略、探索前沿技术为基础的企业级研发平台；在事业部层面是以市场应用为主的各事业部级研发平台。国家级研发平台，瞄准前沿科技，主要进行前瞻性、基础性的技术开发，为新产品和下一代产品进行技术和产

品储备;企业级研发平台,主要承担公司战略产品的研发。事业部级研发平台,以市场为导向,进行应用技术研发,提升工程项目水平。三个层次创新研发平台集聚各领域高层次人才,形成既完整统一,又有各自侧重的相对完整的集群式的研发体系。随着新技术的融入和新市场的开拓,新松公司研发体系在三级构架的基础上不断拓展,如2017年成立了企业级的人工智能研究院和智能制造研究院。

国家级研发平台	企业级研发平台	事业部级研发平台
•机器人国家工程研究中心 •国家高技术研究成果产业化基地 •国家高技术产业化示范基地 •国家认定企业技术中心	•中央研究院 •人工智能研究院 •智能制造研究院 •国家博士后科研工作站 •国家工程中心山东分中心 •国家工程中心广州分中心 •苏南工业研究院	•工业机器人事业部 •移动机器人事业部 •特种机全家人事业部 •服务机器人事业部 •智能物流事业部 •数字化工厂事业部 •机器人智能系统事业部 •高端装备与3D打印事业部 •智能交通事业部

图4-5 新松公司三级创新体系

资料来源:根据新松公司历年年报整理。

整合内外资源,构建协同创新体系。产学研结合是在明确的利益关系下开展具有共同目标的组织行为,必须做到优势互补、资源共享。曲道奎认为,机器人产业创新需要创新链、产业链和资金链相结合,搭建创新主体之间能够长期合作的平台。一是新松公司是中国机器人产业联盟理事长单位、中国机器人标准化总体组组长单位等,通过同业联盟获得更大的影响力,为公司带来新的市场信息,对公司核心业务的开拓发挥重要作用。二是建立联合研发机构。2015年9月22日,新松公司与东北大学、沈阳自动化研究所合作组建机器人科学与工程学院,为推进机器人科技创新提供有力的智力支撑和人才保障。三是搭建开放的创新服务平台,利用更多社会智力资源进行技术创新,推出了国内首个机器人创客空间——星智汇,自2015年以来每年举办"星创师智能创业大赛"，挖掘全球优秀的机器人及智能科技领域最具潜力的创业团队，整合社会各界优秀创新资源。四是建立长期合作关系。新松公司还与国内外多家机器人研究机构和高技术公司建立了良好的合作关系。如新松公司成立之初与国际知名机器人企业——日本安川公司进行过合作，批量生产了点焊、弧焊机器人系统和周边装备；与世界著名的AGV控制器生产厂家NDC全面实现了平等与双向合作，开发出了具有世界领先水平的激光导引技术，并保持其技术与世界水平同步发展，同时通过这种合作将新松公司特有的自动跟踪技术和全方位AGV产品通过NDC渠道推向国际市场；为了进一步增强创新能力，整合各种优势资源，新松公司在美国建立了中美超限制造与自动化联合研究中心，在世界范围组织优势资源，采用超常规组织管理方法，开展在极限环境下，包括微纳米、生物生理等高精密技术和设备在内的研发和高技术产业化工作。

第四节 新松公司创新的启示与思考

一 政府前瞻布局前沿科技为企业创新提供创新之源

新松公司作为企业开展创新的技术源头来自中科院自动化所多年的积累，也得益于国家科技计划在先进制造领域的前瞻性部署。在沈阳自动化所原所长蒋新松和其他自动化领域科学家的积极呼吁和推动下，1987年"机器人"主题被列入"863"首批15个主题之一，机器人科技发展首次被提升到国家战略层面，自此国内开始系统化地对机器人技术进行研究。当时有一种观点认为，中国的改革开放刚刚起步，丰富的人口资源面临上岗就业，这时候搞机器人不合时宜，不匹配中国国情，不具备市场条件，似乎与现实太遥远。但蒋新松认为："科学技术发展是一个长期积累的过程，不可能一蹴而就，现在不起步，将来需要时再起步就晚了，落后了。"① 从 1987 年开始，机器人一直被列入国家科技计划项目，相关技术获得了持续的支持，学科设置、研究机构和研发体系不断完善，攻克了一批关键核心技术，为国家机器人产业化奠定了技术基础、培育了大批科技人才，新松公司是其中的直接受益者之一。

当前中国诸多处于行业领先地位的企业，特别是在新兴产业领域自主创新的高科技企业，其最初的技术来源、核心技术骨干等都与国家重大科技计划或项目有关，如中国人工智能领域领军企业科大讯飞创始人刘庆峰在中科大读书期间参加了其导师主持的"863"专项语音识别与合成课题的研究。2003 年其公司初创时期，"面向手机应用的语音软件产品"项目还获得科技型中小企业技术创新基金支持，同年，"面向移动信息终端的嵌入式语音技术产业化"项目获得了"863"计划引导项目 150 万元资金的重点支持。企业在这些科技项目支持下，突破了技术瓶颈，加快了科技成果市场化和产业化的进程。

企业是科技创新的主体，企业家富有能动性的企业家精神是企业创新的精神之源，驱使企业不断通过各种要素组合开展创新，但企业创新不可能独立于其所处的环境，企业开展创新的类型和方式在很大程度上取决于其所处环境的条件禀赋。政府提供的公共创新要素和创新环境是企业创新的基础，前沿技术和关键共性技术属于公共品，投入周期长、外部溢出效应大，需要政府长期持续支持，支持基础研究和未来技术研发是各国政府科技政策的核心。从 1987 年国家实施"863"计划开始到 2000 年新松公司创办，再到公司成立以来的 20 年间，科技重大专项和"863"计划等科技研发计划的持续支持，让新松公司在机器人技术上不断飞跃，产品不断推陈出新，尽管新松公司在全球机器人产业中尚不属于最强者，但已经在中国机器人市场具有较强竞争力，为中国制造业转型升级和高质量发展提供保障。正是在科技上的提前布局，才使中国

---

① 王鸿鹏、马娜：《中国机器人》，辽宁人民出版社 2017 年版，第 44 页。

企业在"机器换人"浪潮中没有缺席。政府只有把握前沿科技发展脉搏提前部署,形成技术储备和积累,才能为高科技企业提供不竭的创新源泉。

二 制度创新为科技与经济紧密结合释放强大能量

把科技成果从实验室里、保险柜里解放出来,让科技成果创造更大的价值一直是中国科技体制改革和创新政策的重点。科研院所是中国应用基础研究和应用研究的重要力量,多年来中国通过科研院所转制、出台促进科技成果转化的优惠政策等释放科研院所的创新活力。科研院所孵化和衍生创业公司是促进科技成果有效转化的路径之一,新松公司在起步和发展壮大的两个关键节点都乘了政策的"东风",搭上制度创新的"早班车"。

"知识创新工程"助推新松公司诞生。新松公司成立之前,中国科学院沈阳自动化研究所研发的一些工业机器人产品已经被市场接受,并实现创收。1997年10月,沈阳自动化研究所实施"一所两制",其机器人事业部实施自主经营、单独核算、按照公司模式运作,一方面搞技术研发,另一方面开拓市场。20世纪90年代,中国汽车产业发展进入快车道,为机器人产业发展提供了广阔市场,沈阳自动化研究所意识到研究所体制的封闭性与市场的开放性很难有机融合,参与投标、签合同、资金结算,程序框框多,处处受到限制,反应速度慢,难以与对手竞争,[①] 决定成立一家企业。对于如何成立企业,沈阳自动化研究所内外有过很多争议,最初方案为将机器人事业部整体脱钩,但在职代会上没有获得通过。另外,很多科研人员也对"下海"创业有很多顾虑,之后又形成了各种方案。20世纪90年代末,中国科学院实施"知识创新工程",要求科研院所打破传统模式,不仅要做课题、出论文、出人

---

① 王鸿鹏、马娜:《中国机器人》,辽宁人民出版社2017年版,第142页。

才,更重要的是为国民经济做出贡献,提倡科研人员要走出象牙塔,带着成果、带着技术、带着团队出来办高技术企业。"知识创新工程"的实施让新松公司的创办找到了政策依据。考虑到公司启动需要大量资金,沈阳自动化研究所本身没有这么强的资金实力,中国科学院提出可以给政策,但是不能注入资本。之后经过多方探讨,由中科院沈阳自动化研究所作为发起人,联合沈阳市火炬高新技术产业开发中心、辽宁科发实业公司、辽宁科技成果转化公司和中国科学院沈阳分院四家法人单位和四名自然人共同发起成立新松公司。① 新松公司通过多方利益绑定的股权结构实现了资本、技术和人才的紧密结合,激发了各个方面积极性。

创业板融资让新松公司发展进入快车道。1999 年 8 月,党中央、国务院出台《关于加强技术创新,发展高科技,实现产业化的决定》指出,要培育有利于高新技术产业发展的资本市场,适当时候在现有的上海、深圳证券交易所专门设立高新技术企业板块。1999 年,深交所着手筹建创业板,为高成长性的高科技创业企业和中小企业开辟融资渠道。2009 年 10 月 30 日,新松公司成为创业板首批 28 家上市公司之一,自此进入快速发展阶段,近十年营业收入复合增长率达到 118%。

三 提升产业基础能力和产业链现代化水平的壁垒亟待突破

装备制造业竞争力是衡量一个国家工业化实力的重要标志之一,美国、德国、法国和日本等老牌工业强国都在装备制造产业拥有优势领域,中国能否成为制造强国,关键在于装备制造业能否实现赶超。改革开放四十多年来,中国制造业在纺织、化工、通信和诸多日用消费品等产业领域不断实现突破和赶超,但在装备领域追赶的步伐相对缓慢,这

---

① 王鸿鹏、马娜:《中国机器人》,辽宁人民出版社 2017 年版,第 151 页。

与装备产业创新的特性存在较大的关系，如用户黏性强、技术积累壁垒高、缄默知识多、对产业基础能力和产业链现代化水平要求更高等后发劣势较其他产业更强。尽管新松公司在国内市场已具有一定的竞争力，但与国际机器人巨头公司相比在产业技术基础、核心零部件等方面仍存在较大差距，产业基础能力和产业链现代化水平不高已经成为制约新松公司和中国机器人产业发展的重要障碍。

在产业基础能力方面，中国企业缺乏长期积累，单从研发投入上比较，就与国际领先企业存在巨大差距。例如，尽管新松公司及国内其他机器人企业研发投入强度较高，但受制于收入和利润规模的差距，在研发投入的绝对规模上存在显著差距。以 FANUC 和新松公司为例，2018 年 FANUC 销售收入和利润分别为新松公司的 13 倍和 21 倍，其研发投入总量为新松公司的 18 倍。现有的收入、利润规模还不足以支撑本土企业实施与海外龙头企业等体量的研发投入。从更长时间看，国际领先企业几十年研发投入形成的知识和技术积累是中国企业短期内难以逾越的障碍。在以引进消化再创新和集成创新为主的产业追赶阶段，中国企业创新模式和政府产业创新组织方式不能有效破除积累效应的壁垒。当前企业如何打破积累性壁垒，政府如何构建能够缩短突破技术积累壁垒周期的创新组织模式都是值得深入思考并亟待解决的问题。

在产业链现代化方面，处于全球工业机器人领导地位的企业起步早，在一些关键领域和核心零部件上形成独特的优势，如安川电机的核心优势在于伺服系统和运动控制器，库卡以控制系统和机械本体为核心优势，FANUC 和 ABB 分别在数控系统和控制系统方面形成优势。更重要的是这些企业以其核心优势为基础形成了体系化的技术链和产品系统，并且带动了上下游企业的协同创新。目前中国工业机器人企业创新能力的提高需要产业链现代化水平提升，而产业链现代化水平提升又以各环节企业创新能力增强为依托，两者之间相互制约。从国际经验看，培育和打造领军企业，既包括系统集成企业，也包括核心零部件企业，它们都是提升产业链现代化水平的重要切入点。在以智能制造为主要方向的产业变革加速推进、国际技术竞争日趋激烈和中国市场更加开放的条件下，制定符合数字时代产业发展规律，并与国际规则相适应的企业创新政策亟待破题。

第五章

永辉超市：与员工、客户和合作伙伴共创与共享价值

第一节 永辉超市发展历程

永辉超市股份有限公司（简称"永辉超市"）于2001年在福建省福州市成立，它是国内首批将生鲜农产品引进现代超市的企业之一，是国家级"流通"和"农业产业化"双龙头企业，中国500强企业之一。2010年，永辉超市在上海证券交易所上市（证券代码为601933）。2017年，永辉超市已经在中国21个省份发展了520多家连锁超市，100多家生活店，10多家超级物种店，经营面积超过450万平方米。从中小型区域商超品牌成长为零售龙头企业，永辉超市始终坚持创新发展。回顾永辉的发展历程，大体可以分为四个阶段[1]。

一 创业发展期（2001—2004年）

永辉并非一开始就定位生鲜，创始人张轩松、张轩宁兄弟早在

---

[1] 永辉超市股份有限公司：《2018年年度报告》，2019年4月。

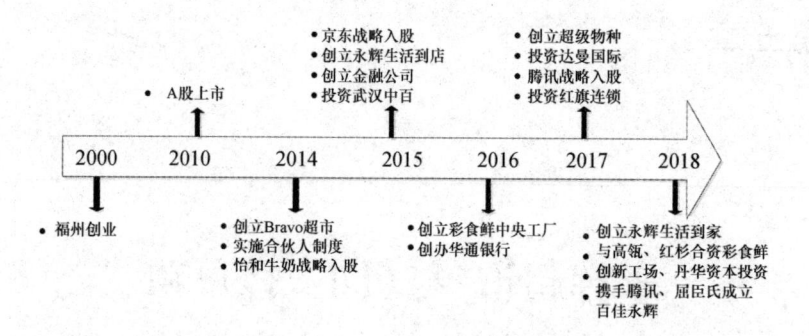

```
                                    • 京东战略入股              • 创立超级物种
                                    • 创立永辉生活到店         • 投资达曼国际
                                    • 创立金融公司              • 腾讯战略入股
                    • A股上市        • 投资武汉中百              • 投资红旗连锁

    ┌──────┬──────┬──────┬──────┬──────┬──────┬──────┬──────→
   2000   2010   2014   2015   2016   2017   2018

  • 福州创业      • 创立Bravo超市   • 创立彩食鲜中央工厂   • 创立永辉生活到家
                 • 实施合伙人制度   • 创办华通银行         • 与高瓴、红杉合资彩食鲜
                 • 怡和牛奶战略入股                       • 创新工场、丹华资本投资
                                                          • 携手腾讯、屈臣氏成立
                                                            百佳永辉
```

图 5-1　永辉超市发展历程

1995 年就进入超市行业，成立了第一家超市——福州市鼓楼区古乐微利超市，此后又相继创办几家超市，完成了资金和管理经验的原始积累。2000 年，福建省政府、福州市政府做出"杜绝餐桌污染，改善社区生活，建设放心市场"的决定，公司创办者敏锐地捕捉到商机，2000 年 7 月第一家"农改超"超市——福州屏西生鲜超市在福州开业，经营面积为 1500 平方米，生鲜区经营面积超过 50%，永辉自此开启了特色鲜明的生鲜之路。2002 年，国务院七部委联合检查组考察永辉超市，提倡在全国范围内推广永辉模式。尽管从 2000 年开始台湾零售业连锁巨头"好又多"及世界 500 强企业麦德龙、沃尔玛相继进入福建市场，大型零售企业存在同质化竞争，但彼时中国社会主义市场经济体制尚不完善，地方保护主义造成了市场分割，形成了区域流通障碍，加之各地风土人情、经济水平、政策环境差异巨大，使得跨区域发展困难重重，本土商超企业仍然可以凭借差异化路线避开巨头锋芒，从中小型业态做起，提供更符合中国人习惯的本土化服务，从而形成区域龙头企业。到 2004 年，永辉农改超经营模式在福州取得成功，共有 22 家门店，经营面积超过 10 万平方米，基本在福建站稳脚跟。

二　生鲜壁垒成熟期（2005—2010 年）

永辉没有在行业高速发展期高枕无忧地坐享行业红利，而是踏实地锤炼经营能力，构筑强大的生鲜经营壁垒。这一阶段受益于高速发展的经济、城市化进程和人口红利，超市行业整体继续高速发展。国家统计局数据显示，2005年至2010年社会消费品零售总额平均增速超过10%。在这一阶段，永辉不断改进商业模式，为长期竞争和做大做强构建坚固壁垒。永辉的战略重点随时间不断变化，从"农改超"到形成以生鲜为主业的"杀手锏"，永辉培育了诸如买手文化、强大的供应链系统等核心能力，独特的内部经营机制和持续的模式创新，渗透到永辉经营的各个细节，形成了模仿者始终无法超越的强大壁垒。生鲜基因成型后，永辉开始走出福建。2004年10月之前，永辉21家门店全部位于福州，仅仅是在福州取得了龙头地位。为扩大企业规模，同时为检验"农改超""生鲜特色"的可复制性，永辉决定走出福州，最终选择重庆作为走出去的第一站。5年时间永辉在重庆取得了巨大成功，开出47家大中型超市，营业面积超过30万平方米，跻身重庆超市行业领先地位，也标志着永辉真正实现了跨区域发展。继重庆之后，永辉分别在2009年和2010年进军北京和安徽，经营面积和门店数量稳步提升。2010年12月15日，永辉超市股份有限公司在上交所正式挂牌上市。发行价为23.98元/股，发行市盈率高达73.14倍，创造了当时主板市场发行市盈率的新高。永辉超市成功上市，证明了永辉以生鲜主业构建的经营壁垒具有独特的竞争力，同时也标志着永辉逐渐走向成熟。

三 扩张转型期（2011—2015年）

这一阶段永辉借资本外力，跻身国内商超行业前列。一方面，永辉上市募集资金后门店扩张步伐大幅加快，2011—2014年，平均每年新开48家店，平均每年新增面积52万平方米，到2014年永辉共有330家门店，经营面积超过308万平方米。永辉在这一阶段已经全面走向全国，除福建、重庆、北京、安徽四个主要区域外，还进入贵州、河南、天津、河北、浙江、江苏、四川、辽宁、吉林、黑龙江、陕西、广东和上海，主营大卖场、卖场和社区店三种业态，同时引进精品店业态，其中以中型业态——卖场的数量最多，占比超过50%。另一方面，永辉通过全球并购优化完善自身供应链系统。永辉从2013年起几度举牌中百，到2014年末累计持有中百集团20%的股份，在建立采购竞价体系和联合采购团队、开展物流基地和重庆地区经营合作等方面构建战略合作模式。2014年8月怡和牛奶以57亿元入股永辉，双方达成战略合作协议，对方为永辉超市开放采购供应链，永辉在打造全球供应链上迈出了重要一步。同时，永辉还与农业巨头新希望六合、茅台集团达成战略合作。

四 整合赋能期（2016年至今）

这一阶段主要是调整公司业务结构，重回云超主业，打造全球供应链，业态迭代升级。首先是永辉积极拥抱新零售业态，开启了以"云超""云创""云商""云金"为代表的四轮驱动发展模式。永辉在2017年形成了云超、云创、云商和云金四大板块，云超是以红标店与绿标店为主的传统超市业态，云创是创新业态、孵化项目的平台，云商是以彩食鲜平台为主的B端业务，云金指金融业务，四大板块协同运转，永辉的产业链布局和商业生态进一步完善，告别过去单一经营业态的局面，盈利点不断增加，综合毛利率进一步提升。其次，全面升级全球供应链，转型为食品供应链公司。永辉通过蜀海供应链、达曼国际、彩食鲜等供应链体系，逐渐搭建起一个可对第三方企业开放的供应链平台，这种供应链战略有助于其转型为平台式、共享式企业，在新零售竞争中占据制高点。2018年年报显示，永辉超市物流中心已覆盖全国17个省市，总运作面积45万平方米，员工人数约2000人；物流中心依据温度带进行区分，其中常温配送中心（含中转仓）分布17个省区，定温配送中心（含中转仓）8个，常温及集成中心17个；配送作业额409亿元，物流供货率58.8%，总费用率1.77%。

目前,永辉的新零售转型已初见成效,各项财务指标表现不俗。2017年实现营业收入585.91亿元,归属于上市公司股东的合并净利润18.17亿元,同比增长46%;2018全年实现营业收入705.17亿元,同比增长20.35%,归属于上市公司股东的合并净利润14.8亿元①。

第二节 永辉超市商业模式创新的主要做法

近年来,互联网技术的发展对众多行业产生重大影响,特别是在过去两年中,基于互联网的新零售模式给实体零售业带来诸多挑战,实体零售企业关店倒闭的风潮接连不断。在行业面临寒潮的背景下,永辉超市却能够领跑超市业态,保持较高的营收增长和利润率。成功的重要原因是永辉超市始终坚持商业模式创新,以客户为中心,聚焦零售终端转型、供应链转型和互联网转型,并得到了有力的实施。永辉超市的商业模式具有稀缺性,值得研究与借鉴。

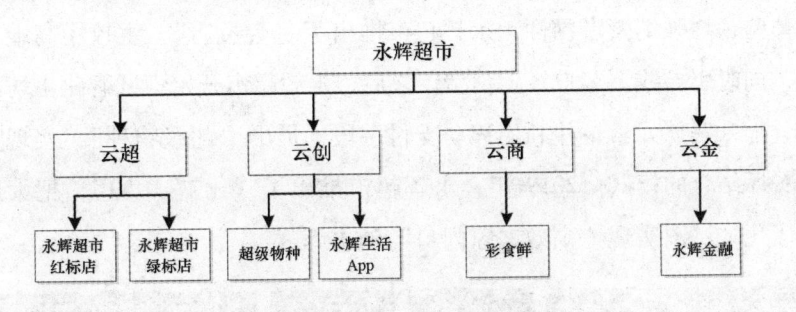

图 5-2 永辉超市业务全景图

一 定位不同消费者群体,通过业态创新深入挖掘消费者价值

近年来,国内超市业态不断创新,逐步从单纯出售商品向出售服务和挖掘消费者附加值转变,从价格竞争向集价格、服务和品牌等多维度

---

① 永辉超市股份有限公司:《2018年年度报告》,2019年4月。

复合竞争发展。超市经营规模不断扩大，业态形式和服务方式推陈出新。从创立之初至今，永辉超市始终坚持客户利益至上，不断尝试业态创新，推进零售终端的转型，以适应超市零售业日益激烈的竞争。

2010年至今，永辉超市年报中一共出现过12种不同的业态名称，但到2018年年报将所有业态统称为超市。这些业态中，面积大小从300平方米到20000平方米不等，经营重点和路线规划也各不相同。总体而言，永辉的实体店转型主要经历了"红标店""绿标店""精标店""会员店""超级物种"和"永辉MINI"的六次演变。传统红标店主要以大卖场、卖场、社区超市的形式经营，定位面向大众化、平民化的消费者。随着消费者对体验、服务和购物环境的要求越来越高，"绿标店"进入市场。"绿标店"的装修风格时尚、大气，整体货架降低，大量高端进口商品和时尚品牌产品进入门店，定位相对较为高端。为了追求差异化竞争以及摆脱商超产品同质化严重的困局，永辉超市在"绿标店"的基础上，推出了"精标店"，吸引中高端消费者。随着"精标店"的成熟，中高端消费群体的购买力得以展现。为了进一步提升消费者体验，增强消费者黏性，永辉超市推出了"会员店"，主攻中高端市场，同时引导线下客户线上消费。之后，永辉超市开始尝试孵化工坊系列，加入餐饮元素，并利用移动支付手段，推出"超级物种"，实现多重餐厅结合的模式。2019年，永辉超市推出了"永辉MINI"，把大店小店化，试图实现"高效、家门口"的永辉。

2010—2011年	2012—2014年	2015年	2016年	2017年	2018—2019年
·大卖场 ·卖场 ·社区店	·大卖场 ·卖场 ·社区店 ·精品店	·大卖场 ·卖场 ·社区店 ·精品店 ·会员店	·精品店 ·红标店 ·优选店 ·会员店	·绿标店 ·红标店 ·永辉生活 ·超级物种	·绿标店 ·红标店 ·永辉生活 ·MINI店

图5-3 永辉超市业态创新历程

在永辉超市不断进行业态创新的过程中，超市大卖场业态一直是公司的发展核心,主线鲜明,也不断与时俱进、探索尝试,使得公司持续保持强竞争力。探索过程中有逐渐成为中坚力量的 Bravo 业态,也有只出现 1—2 年便转型或剥离的业态(超级物种),体现出公司卓绝的战略决心和执行力。

二 以供应链战略为核心,通过价值网络创新与消费者和合作伙伴共享企业发展成果

永辉超市能够以生鲜为主线做大做强,与其价值链结构创新密切相关。永辉通过优化从采购到销售乃至品牌建设整个价值链结构,不断降低成本,提升生鲜服务的竞争力,形成了永辉强大的采购、物流等供应链和运营与管理能力[1]。

采购方面,永辉围绕"如何降低采购成本",创新采用多样化的供应采购方式,包括全国统采、区域直采、农超对接、跨区域采购等方式,根据产品的不同特点,实施不同的采购方式。目前,全国统采超过70%,区域直采超过20%,其余是远程采购。战略性品类全国集采,各区域特色产品的采购权下放给各省区,实行区域直采,应季产品由各门店自行采购。其中,针对生鲜产品的采购又以区域直采为主,永辉构建了 600 多人的专业生鲜直采团队,长年驻扎全国 20 余处农产品基地。团队成员以专业性著称,专注于各自的产品类别,研究产品属性、价格以及与消费者需求的匹配度。这种源头直采的方式有效缩短供应链,提高周转率,为商品的质量和价格优势提供强有力的支持。在各类采购模式中,永辉始终贯彻"以销定采"的采购政策,通过收集卖场的实时数据,实现数据共享,制定标准采购流程,提升了采购效率。"以销定采"模式不但保证了产品生产的稳定性和产品供应的及时性,同时提高了采购效率,减少了采购成本。此外,永辉以"自营+合作"的形式

---

[1] 葛海燕、周洁如:《基于新零售的永辉超市商业模式创新研究》,《上海管理科学》2018 年第 5 期。

建立农业生产基地,形成了"超市+农户""超市+农业合作社""超市+农业企业"的农超对接模式。这种模式保障了产品质量和运输的稳定性,进一步增强了永辉生鲜供应链的稳定性和生鲜产业链的高盈利能力。

供应链管理方面,永辉超市主营的生鲜商品保存条件苛刻、品类间差异大,对物流、储存、配送、保鲜等供应链管理要求较高。永辉在长期运营生鲜产品过程中,不断创新供应链管理方式,确保货物在全国范围内快速流通,最大限度地缩短交货时间,保证货物的新鲜度。一是建立功能强大的物流节点,构造完善的网络化物流配送体系。永辉超市拥有 12 个物流中心,包括 3 个全国性物流中心和 9 个区域性物流中心,能够满足全国 70% 左右的商品配送需求。二是利用科技手段提升配送效率,建设具有恒温制冷功能的冷链配送系统。通过自动打包器、自动测量仪、GPS 定位、电子锁等先进设备的应用,提升配送效率与商品新鲜度,降低损耗。三是通过统筹和集约的方式控制物流和配送。永辉通过优化货品在配送中心到门店之间的配送流程,同时凭借其配送中心信息系统,保证区域内的门店配送,以及跨区域的配送,甚至支持全国资源的互调,有效地控制了运输过程中的损耗[①]。

在营销和品牌管理方面,永辉坚持传统营销和创新营销并重,不断丰富促销活动方式,永辉超市在传统折价促销、有奖促销、满赠活动、新店开业、周年庆等主题时间推广的基础上,推出限时抢购、限时特价等活动。积极利用互联网,扩大营销宣传,除了传统的广播和报纸外,永辉推出超视 e 频道。同时,永辉超市注重人员促销的主观能动性。在超市内外设立促销点、商品宣传点,促销人员直接面向消费者,介绍产品,分享品尝,并将促销信息面对面传递给消费者,助力客户产生购买行为。为适应数字经济的发展和消费者消费习惯的改变,永辉推行了全

[①] 陈素萍:《基于要素角度的双重商业模式创新——以永辉超市为例》,《物流工程与管理》2017 年第 2 期。

渠道销售模式，在传统连锁超市的基础上，开始向零售终端转型，探索网上销售方式。"半边天"电子商务业务、永辉微店、永辉生活 App 等都是永辉探索线上销售的尝试，促进永辉线上和线下业务的相互融合，共同开启了永辉的全渠道销售。此外，永辉近年开始发力自有品牌业务，通过以消费者为核心、以品质为基石、以品牌为引擎三方面打造全新的自有品牌战略，不断深化对消费者核心需求的把握，提升产品质量，不断推动永辉品牌在差异化产品组合竞争中脱颖而出。

永辉超市还通过建立广泛的合作伙伴关系增强自身在生产、采购、物流、运营等领域的实力，构建了系统化的价值网络[①]。例如，与上海上蔬合作，获取生鲜生产供应价值；与怡和牛奶、富邑集团、韩国 CJ、美国达曼等合作，获取海外采购渠道；与贵州茅台、金枫酒业、新希望等合作，获得国内采购渠道；与中百集团合作，加强产业协同；与京东、腾讯合作，获得互联网端流量和技术支持。

三 将员工视为合作伙伴，实施"大平台+小前端+富生态+共治理"的组织创新

为了提升组织运行效率，永辉不断进行组织结构创新，建立了平台式组织架构，实施独具特色的人力资源管理模式，提高员工工作的积极性和责任心，形成了强大的现代化企业管理能力。

永辉以"大平台+小前端+富生态+共治理"为原型。从 2015 年开始，永辉超市大力推进管理架构变革，将原有的 9 层金字塔形组织结构转变为 4 层的开放式平台结构，原有管理层变为支撑平台，服务终端业务部门，将职务级别进行简化，实行简单、高效、扁平的职务体系，形成扁平化、平台式结构。改革之后，市场和离市场最近的业务部门架构在结构的顶端，管理层转变为支持平台，使得企业的重心前移，更能

[①] 尹向东、赵泉午：《零售企业超市业态的创新模式研究——以商社集团和永辉超市为例》，《物流技术》2011 年第 30 期。

够对市场变化做出快速反应。2018年年底，永辉进一步深层次变革组织架构，包括云创、云商板块从母公司资产负债表中剥离；云超一二集群合并，设立大供应链事业部与大科技数据部，财务、人力、物流、工程四大中心实行全国一体化，并将24个省区划分为10个大区，推动简政放权、提质增效，实现从矩阵式管理转变为分布式管理。

在人力资源方面，为了保证企业员工的工作积极性和对企业的责任心，永辉超市采取了独特的"合伙人"制度。2014年永辉开始将合伙人制度推广到全国，永辉超市的合伙人制是日本"经营之圣"稻盛和夫独创的阿米巴经营模式的衍生物，将整个公司划分为一些名为阿米巴的小型组织，每个组织都作为独立的利润中心，以小企业和小商店的形式独立经营。永辉超市合伙人制将所有部门定位为新公司。每个公司均由联合创始人领导，由合伙人共同经营，并根据实际业务需求分别组建子公司（最多不超过6个），每个子公司由六个合伙人（选其中一名为队长）共同自主经营、独立核算。这一制度明确了合伙人的绩效标准，对超出绩效标准的部分则按照一定比例分配给总部和经营单位。而经营单位更多以门店为单位，代表基层员工参与合伙人计划。各门店在运营过程中，超出绩效标准的增量利润将根据合伙人计划的相关制度进行分红。店长则根据门店各岗位的贡献率，进行第二次分红，最终分红机制将惠及每一位认真工作的基层员工。通过这种方式，员工会意识到自身的收入是与商品的类别、柜台等各方面联系在一起的，从而以更积极的态度提供服务，保障服务质量。因为只有让更多的客户感到满意，他们才能够获得更多的收入。同时，公司进一步对人事招聘进行放权。部门、柜台和品类的招聘和解雇由员工组的所有成员决定。永辉通过这种独特的合伙人制度，为一线员工注入了强大的生命力和蓬勃的斗志。合伙人制度节约了大量成本，这也解释了在全国生鲜部门平均损耗率大于30%的情况下，永辉超市的生鲜损耗率只有4%—5%的原因。因此，合伙人制度是员工收入的"开源"，也是永辉减少

第五章　永辉超市：与员工、客户和合作伙伴共创与共享价值　　77

不必要的资源消耗的保证。此外，从 2017 年开始，永辉实行限制性股票激励计划，尝试以股票激励的形式提高他们工作的积极性和忠诚度。

图 5-4　永辉超市员工成长路径

四　以数据共享为抓手推动关系网络创新

在客户关系管理方面，积极利用新技术完善客户关系管理系统，提升客户满意度和忠诚度。随着数字技术的发展，永辉超市积极利用新技术，协调企业与客户在销售、营销和服务方面的联系，不断建立和完善客户关系管理系统。线上业务的成功使永辉与客户的联系多样化。2017年，腾讯入股永辉后，帮助建立永辉云计算中心，深入挖掘消费者的有用信息，提供更加个性化的服务。消费者也更容易享受信息共享、网络咨询、用户评估、投诉反馈等服务，这也有助于永辉及时改善商品和服务的质量。实体门店和线上销售紧密联系，融合贯通，提高了服务水平，提升了客户满意度和忠诚度。

在合作伙伴管理方面，通过打通数据壁垒，实现信息流、资金流和物流的统一，提高了资源配置效率。一是利用大数据和云计算技术，永辉将销售数据及时提供给供应商，实现信息互通共享，使其及时调整产品生产计划，确保超市对商品的需求，减少供应商库存和原材料的资金占用，合理配置资源。同时，永辉能够及时向供应商反馈运营过程中存在的问题、意见和建议,并督促供应商及时提高产品质量,完善不足,提高供货水平,实现同进步共成长。二是发展供应链金融业务。2016年9月,永辉超市出资6.6亿元(持股27.5%)发起设立福建华通银行,进入金融领域。2017年5月,永辉小额贷款有限公司正式开业,为零售行业全渠道供应链中小微企业及其从业人员和终端消费者提供普惠金融服务。在供应链中,上游的中小型企业为永辉提供稳定的货源、高质量的产品,但是,在经营中难免会面临资金短缺的问题,严重影响了企业的稳定发展。供应链金融可以让永辉的上游中小型企业更加便利地获得发展资金,解决融资问题,扩大生产规模,进而"反哺"永辉。在供应链金融业务中,业务双方建立信息共享平台,永辉可以即时了解供应商的生产运营状况和资金需求,供应商可以即时了解永辉的经营状况和企业实力,解决了供应双方信息不对称的问题,提升了双方信任水平[1]。

五 实施线下不断细分、线上不断拓展的渠道创新

在零售行业发展的大潮中,中国零售业经历了从弱小到壮大、从线下到线上,再到线上线下相融合的发展过程。在每个阶段,永辉总是能够结合当时的宏观环境和行业背景,制定符合永辉发展壮大的发展战略,包括初期以生鲜为主的差异化经营战略、推动线上到家服务、合伙人经营战略等,这些战略使永辉能够披荆斩棘,在零售业激烈的竞争中屹立潮头。

就超市企业而言,降低成本和满足客户需求是其得以生存的关键。因此,超市企业的竞争策略一般包括总成本领先战略(沃尔玛)和差异化经营战略(永辉超市)。总成本领先战略追求卓越的管理效率,而差异化经营战略则追求独特的经营特色。永辉超市成立之初,外资超市

---

[1] 齐严、司亚静、吴利红:《数字技术革命背景下零售业商业模式创新研究》,《管理世界》2017年第12期。

强敌环伺，国内超市管理经验不足，供应链效率明显较低，永辉超市结合自身特点，抓住国家"农改超"政策的红利，自成立初期便形成了以生鲜为特色的发展战略，深耕生鲜市场。这种定位生鲜的商业模式是富有战略眼光的差异化路线，虽不能为古老的零售业带来颠覆式冲击，却能帮助永辉在外资超市、国有超市的夹击下在福建站稳脚跟。根据永辉超市年报数据显示，2014—2018年永辉超市生鲜及加工业务营收占比始终保持在高位。2018年生鲜业务营收占比达到45%，明显高于其他竞争对手，形成鲜明特色。永辉超市生鲜业务营收比重高于行业其他企业的秘诀就在于，公司在冷链物流体系方面的创新，强化了对生鲜经营关键环节及自建冷链物流设施的精细化管理，将商品损耗控制在极低水平，使其物流费用和损耗费得到了显著降低。尽管永辉经营的省市和门店数量在不断扩张，但物流及仓储服务费在营业收入中的比例始终维持在低位。

2015年5月以来，永辉超市推出云超、云创、云商、云金四大板块，进行战略和业务布局。永辉超市的战略布局主要由三部分组成：线下实体店布局、线上平台布局和新零售创新布局。永辉超市以云超平台进行线下实体店布局，现有的实体店包括红标店、绿标店、Bravo精标店、会员店、超级物种五种业态。永辉超市以云创平台进行线上平台布局，采用自营电商和第三方电商平台进行销售。自营电商包括永辉生活App，它覆盖永辉Bravo绿标店、永辉会员店、超级物种三大线下门店，支持现金、银行卡、永辉在线会员卡和支付宝、微信第三方移动支付，同时自建短途物流配送体系。永辉超市在线下门店强势发展的基础上，强力发展电子商务，优化推进线上到家服务，帮助消费者解决到店消费的时间问题、身体机能问题及数字技术时代消费习惯的问题。第三方电商平台包括京东官方旗舰店，通过这一平台为消费者提供安全高质、品类丰富的商品。此外，京东为永辉超市提供平台流量整合功能、物流配送和售后服务。至此，精准把握用户消费习惯，利用数字技术改造传统的经营模式，永辉实现了线上与线下的完美结合。

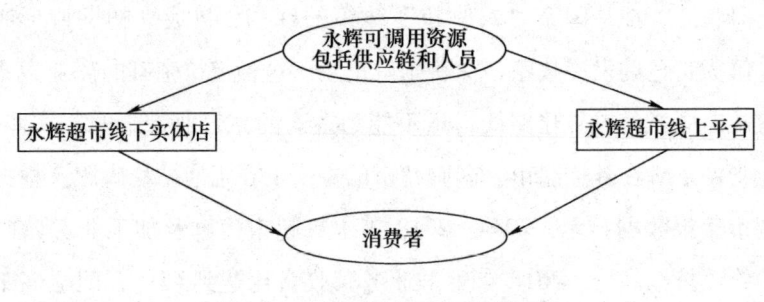

图 5-5 永辉超市业务渠道创新

第三节 永辉超市商业模式创新的基本特点

商业模式即创业者创新立意的集合，来自商业机遇的逻辑化和多元化，最终演化为商业模式。它是利益相关者之间促进业务活动往来的一种方式或者途径。商业模式创新则是企业家通过改变企业原有的价值创造的基本逻辑以满足客户需求、提升顾客价值和企业竞争力的变革性活动。实际上，在熊彼特的创新理论框架中，商业模式创新无非就是提供全新的产品或服务、开创新的产业领域，或以前所未有的方式提供已有的产品或服务。

永辉超市从传统的零售超市商业模式中不断转型，提升企业综合能力，在渠道创新、业态创新（服务创新）、价值网络创新、组织结构创新和关系网络结构创新方面取得了一定的成果，这些改变也使永辉从中受益，不断发展壮大并在激烈竞争中成为新零售的翘楚，受到外界的普遍关注。从永辉超市的商业模式创新中，我们可以总结出以下特点。

一 审时度势，顺应时代发展潮流，不断进行商业模式创新

目前正值中国经济发展转型之际，以新零售为代表的消费升级已经

成为必然趋势。永辉超市之所以能够从激烈的零售业竞争中生存下来，并且不断发展壮大，主要是由于永辉能够紧握时代脉搏，审时度势，在时代的浪潮中，通过持续的商业模式创新，进行新零售战略布局，获得快速发展。从"农改超"到红标店再到绿标店，从线下到线上再到线上线下融合，每一次商业模式的变革和创新，永辉都顺应了时代的大趋势，而诸如麦德龙和乐购等传统零售业巨头企业，由于忽视内外部环境变化而故步自封，最终以退出中国市场或破产告终。因此，传统零售超商企业必须顺应并抓住新零售这一时代发展契机，通过商业模式创新谋求长远的企业发展。

二 专注核心业务，积累资源能力，锻造强大的核心竞争力

纵观永辉超市的从无到有、从小到大的发展历程，不难发现，永辉始终以生鲜食品为核心业务，通过内外部资源整合打造完整的生鲜食品产业链，从而在细分市场中独占鳌头。无独有偶，几十年如一日专注核心业务的还有苏宁和国美，通过深耕电子产品这一零售领域，连续多年位列中国连锁百强企业前两名。可见，传统超商在进行新零售转型的过程中，应当围绕核心业务或已有的优势资源和能力，确定商业模式创新的领域和方式。

三 明确市场定位，建立有效广泛的价值网络

新零售时期，行业的市场边界被打破，传统商超和互联网企业之间的竞争合作关系进一步强化。永辉超市主动跳出传统加盟连锁模式，打造赋能型平台，逐渐向平台型企业转型，连接双边或者多边市场，顺应了互联网时代要从传统的 B2B 或 B2C 交易型组织向经营生态圈和生态共建的赋能型组织转变的趋势。永辉超市主动拥抱电商巨头，实现了优势互补和资源共享。在转型中，要拿出自己的"长板"与电商巨头打造容量最大的"木桶"。电商巨头建立的线上优势已经牢不可破、无法

撼动，线下零售企业无论是凭借自身之力打造像阿里这样的电子商务平台，还是打造京东这样的垂直线上渠道，都几乎是不可能完成的任务。同时，线下零售企业也缺乏互联网基因，需要互相结合培育"杂交"的超级物种。例如传统超商高鑫零售、三江购物、联华超市等通过与阿里巴巴集团合作，获得了互联网端的技术和流量等支持，实现了新零售转型。而永辉超市则是通过与怡和牛奶、韩国CJ等实业企业，京东、腾讯等互联网企业的合作，构建了广泛的价值网络，从而在激烈的新零售竞争中脱颖而出。因此，传统超市在新零售转型时，应该进行准确的自我分析和市场定位，通过建立价值网络，实现企业间协同发展，从而获得更多的新零售转型助力。

四 科技赋能新型业态，支撑商业模式变革

新零售的本质依然是零售，与传统零售不同，数字技术对连锁超市商业模式构成要素的作用，在创造客户价值和客户黏性、优化企业价值链结构等方面具有重要作用。依托互联网，使用大数据、人工智能等先进技术方法并融合消费者心理学知识，对商品的生产、流通与经营过程进行晋级改造是新零售的重要特征。永辉通过打造数据化的超级后台"路由器"，利用大数据和云计算技术，链接前后端，实现将碎片化的需求和"云化"的资源供给高效地匹配。进一步重新塑造零售行业的业态结构与生态圈，形成了兼具线上体验、线下服务以及当代物流深度结合的零售新模式[1]。推动线上与线下结合，从而在商业维度上完成互联网电子商务平台和线下实体零售店面的优化和升级。在这个过程中，永辉实现了赋能技术和赋能服务两个方面的价值，降低运营成本、减少运行流程、提高运营效率、提升客户消费体验、增强客户黏性，挖掘出适宜新业态，最大限度提升了企业盈利能力。

---

[1] 田馨竹：《新零售背景下连锁生鲜超市的商业模式分析——以永辉超市为例》，《环渤海经济瞭望》2019年第9期。

第四节 永辉超市创新发展的启示与思考

永辉超市作为新零售领域的翘楚，一直引领业内的商业模式创新，在传统零售凋敝大潮中逆势而起，给我们留下许多启示与思考，主要包括以下三个方面。

一是持续的商业模式创新是企业迎合市场需求，适应新的竞争环境的重要条件。永辉的成长壮大与其商业模式创新相伴相生，从始至终，永辉所有商业模式的创新一直围绕降成本、扩市场展开，从中谋取行业竞争优势，最后能够取得成功也是必然。企业进行创新的动力是获取更多的利益回报，市场反馈则是对企业模式创新成功与否的最好回答。因此，企业要想获取持续的行业竞争优势，应当瞄准市场需求不断开展商业模式创新。

二是商业模式创新和技术创新互为支撑。永辉的创新做法和创新特点揭示出其并不是一家专业的技术创新企业，但是，永辉的商业模式创新尤其是新零售创新都是建立在全社会技术进步的基础上，同时，诸如到家业务等新模式的创新为技术创新提供了应用场景，提高了市场认同度。因此，企业利用商业模式创新获取差异化竞争优势应当充分借助技术创新的力量构筑竞争门槛，建立长期的有效优势。

三是价值共创共享是未来商业模式创新的方向。移动互联网引发的即时化的商业变革还在持续，永辉抓住这一机遇，实现了线上与线下的即时链接，带给客户新的体验，联合员工和客户共同创造和分享价值。在这一过程中，企业不但降低了成本，提高了产品和服务的质量，而且使员工和客户从中获益，最终实现共赢。因此，价值共创共享是未来企业商业模式创新的方向。

第六章

药明康德:赋能型医药服务平台缔造者

第一节　药明康德发展历程

无锡药明康德新药研发股份有限公司（以下简称"药明康德"）于2000年2月在江苏无锡注册成立，营运总部位于上海，是国内CRO（Contract Research Organization，新药研发合同外包服务）的巨头，为全球生物医药行业提供全方位、一体化的新药研发和生产服务。通过赋能全球制药、生物科技和医疗器械公司，药明康德致力于推动新药研发进程，为患者带来突破性的治疗方案。本着以研究为首任，以客户为中心的宗旨，药明康德通过高性价比和高效的研发服务，助力客户提升研发效率，服务范围涵盖化学药研发和生产、细胞及基因疗法研发生产、医疗器械测试等领域。目前，药明康德的赋能平台正承载着来自全球30多个国家的3700多个合作伙伴的研发创新项目，致力于将更多新药、好药带给全球病患，早日实现"让天下没有难做的药，难治的病"的愿景。

药明康德不但是世界医药研究外包（CRO）领域的领导者，同时也引领着中国 CRO 产业的演进。公司创始人李革是一位受过美国教育且极具天赋的科学家，也是中国 CRO 产业的开拓者。在回国创立公司前，他的能力在海外得到了磨砺。李革在 1989 年从中国的顶尖学府北京大学取得了化学学士学位，是年李革前往美国哥伦比亚大学攻读化学，并于 1993 年取得博士学位。李革国外求学的这段时期，也是中国从计划经济体制向市场经济体制艰难转型的阶段。在毕业后，如同许多在那个困难年代中有幸前往海外留学的年轻人一样，李革选择了留在美国，供职于一家医药公司，在那里他接触到 CRO 产业。回到中国后李革创立了药明康德这家 CRO 公司，以专门服务于制药巨头的医药研发需求。

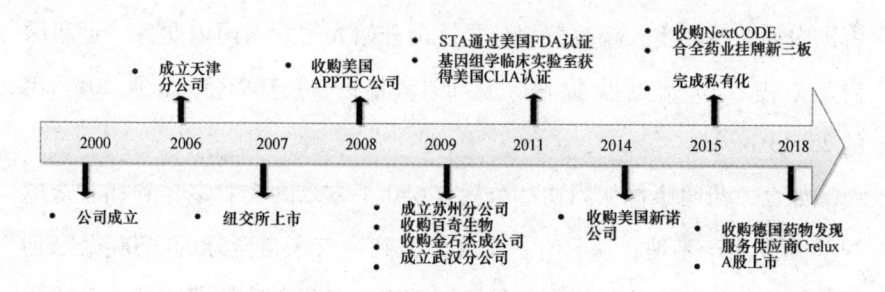

图 6-1 药明康德发展历程

从 2001 年开始，药明康德逐渐建立起新药研发化学服务，并在之后的几年完善了在工艺研发、生物分析、毒理服务、制剂服务等方面的业务拓展，逐步发展成一家具有一体化研发实力的 CRO 公司。同时，公司在药物生产外包业务规模上也不断增大，公司于 2004 年成立上海合全药业股份有限公司（简称"合全药业"）发展药物生产服务，于 2010 年建立规模化的生产基地，目前已经成为国内小分子生产外包的龙头企业。

药明康德最初于 2007 年在纽交所上市，2015 年完成私有化后于纽交所退市。退市后，药明康德对自身业务进行了整合，主要分拆成四部分。药明康德的小分子药物 CMO 业务主要由合全药业负责，于 2015 年在新三板上市。同时公司剥离了生物药的 CRO 和 CMO 业务成立上海药明生物技术有限公司（简称"药明生物"），于 2017 年在港股市场实现 IPO。小分子研发生产业务由母公司主体于 2018 年 4 月登陆 A 股市场，2018 年 12 月登陆 H 股市场，在业务结构上较之前更加完善。另外，药明康德的基因诊断和数据平台相关业务独立于三个上市主体之外，由药明明码（Wuxi Next CODE）运营，目前尚在培育过程中。

药明康德早期业务主要集中在美国，因此国外业务占比较高，公司多年来与美国数十家大型制药企业保持长期稳定的业务合作关系。2018 年，公司海外业务收入为 70.43 亿元，占总体业务收入的 73.26%；其中美国业务收入 52.46 亿元，占总体业务收入的 54.57%。2015 年，随着国内创新药环境大幅改善，公司逐渐开始大力发展国内业务，近年国内业务占比开始逐步提高，从 2015 年的 17.16% 上升到 2017 年的 25.43%[①]。

如今，药明康德从当初一个只有 650 平方米的实验室，到拥有全球 29 个研发生产基地；从只有一个客户，到拥有来自全球的 3700 余家创新合作伙伴；从 4 位创始人，发展到 21000 多名全球精英团队，已成长为全球领先的开放式、一体化医药研发服务平台。

第二节 药明康德创新的主要做法

一 聚合创新资源，打造"一体化、端到端"的研发服务平台

新药研发主要分为药物发现及前期研发、临床前药学实验、工艺合成、临床试验及商业化生产等五个主要阶段。药明康德作为新药研发服务提供商，可以为小分子化学药的发现、研发及生产提供全方位、一体

---

① 无锡药明康德新药开发股份有限公司：《2018 年年度报告》，2019 年 3 月。

化平台服务，以全产业链平台的形式面向全球制药企业提供各类新药的研发、生产及配套服务。此外，公司还在境外提供医疗器械检测及境外精准医疗研发生产服务。药明康德的主营业务可以分为中国区实验室服务、合同生产研发/合同生产服务（CDMO/CMO）、美国区实验室服务、临床研究及其他CRO服务等四个板块，贯穿药物发现、临床前开发、临床研究，以及商业化生产全产业链（如图6-2所示）。

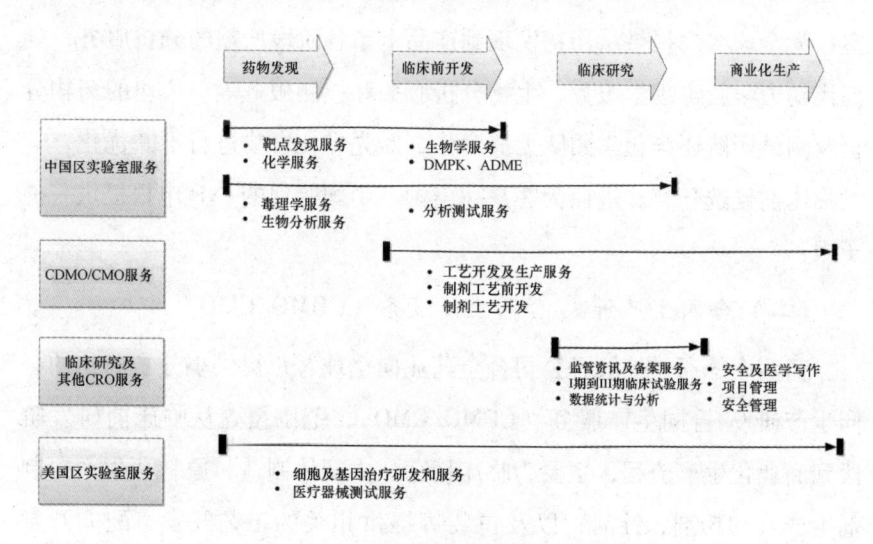

图6-2 药明康德主营业务示意图

（一）中国区实验室服务

中国区实验室服务主要包括小分子化合物发现服务以及药物分析及测试服务。

小分子药物发现服务需要综合运用合成化学、生物学、药物化学、分析化学以及疾病治疗等多个领域的专业知识。药明康德在中国上海、苏州、天津、武汉等地建设了研发基地，公司极具规模的药物化学家团队在数百名具有国际视野和丰富经验的复合型药物化学领军人才的领导下，为全球客户提供涵盖各种靶标和疾病领域的化合物发现及合成服务，包括靶标验证、活性化合物到先导化合物的发现、先导化合物优化到临床前候选药物的发现及合成服务。此外，公司还为国内客户提供一体化新药发现和研发服务，服务从药物发现阶段即开始，直至完成向国家药监局提交 IND 申报为止。此类项目专注于针对成熟靶点研发新药，研发风险相对较低。

药物分析及测试服务方面。药明康德通过位于上海和苏州等地分别经过 OECD、FDA、MPA、国家药监局或 AAALAC 权威认证的分析实验室，为全球客户提供从药物发现到产品上市各阶段所需的分析服务，如药代动力学及毒理学服务、生物分析服务和检测服务等。公司的药物分析及测试团队还与化学团队无缝合作，对先导化合物进行不断优化，开发临床前候选药物，进而为客户在美国、中国等地的 IND 申报提供一揽子服务。

（二）合同生产研发/合同生产服务（CDMO/CMO）

药明康德通过控股子公司合全药业向全球客户提供小分子药物的合同生产研发/合同生产服务（CDMO/CMO），范围覆盖从临床前研发阶段到商业化生产流程，主要为临床用药、中间体制造、原料药生产、制剂生产（如粉剂、针剂）以及包装等提供相关的工艺开发、配方开发和定制生产制造服务。公司生产设施通过多项顶尖国际认证，是中国第一个通过 FDA 审查的小分子新药 CMC 研发和生产平台，亦是中国第一家同时获得美国、中国、欧盟、加拿大、瑞士、澳大利亚和新西兰药监部门批准的创新药原料药（API）商业化供应商。公司位于上海金山的原料药生产基地和上海外高桥的制剂生产基地曾多次顺利通过美国 FDA 审计。2018 年，公司在江苏省常州市投资建设的原料药研发和生产基地也顺利通过美国 FDA 审计。

目前，药明康德拥有的工艺研发团队是国内规模最大、研发实力最强的团队之一。公司充分发挥工艺开发技术优势，坚定推进"跟随药物分子发展阶段扩大服务"的策略。公司的生产服务业务从新药研发项目的早期即介入，伴随药物研发项目的自然进程，通过为临床前或早期临床项目提供生产工艺设计等服务，公司业务可随成功项目自然拓展至商业化生产阶段。在这一模式下，可以确保新药研发项目在开发阶段和生产阶段的无缝衔接，降低生产工艺转移而带来的风险，因此客户黏性大为增强，为后续商业化生产项目的高速发展打下坚实基础。

（三）美国区实验室服务

美国区实验室服务主要包括细胞和基因治疗的研发和生产服务，以及医疗器械检测服务。

细胞和基因治疗的研发和生产服务（CDMO/CMO）。药明康德致力于通过构建整合式的技术平台，为客户提供细胞和基因治疗的研发和生产服务，重塑细胞和基因治疗研发体系，提高研发效率。主要通过分处中美两地的高度一体化生产基地提供GMP细胞疗法的研发和生产服务，该项服务包括相关产品的工艺开发、测试、cGMP生产等。

医疗器械检测服务。药明康德医疗器械检测服务贯穿医疗器械研发和生产全产业链，包括临床前安全性咨询服务、医疗器械从设计到商业化全流程的检测服务、医疗器械cGMP生产服务等。公司主要通过位于美国明尼苏达州的cGMP和GLP研发生产基地为客户提供医疗器械物料挑选及评价，产品效用和物料性质、物料特性、风险评估，生物相容性、毒理、消毒/灭活验证，包装完整性验证，原材料验证，批签发测试等服务。

（四）临床研究及其他CRO服务

药明康德同时在中国和美国为客户提供临床试验服务（CDS）和现场管理服务（SMO）。公司临床试验服务包括临床试验方案设计、项目管理、Ⅰ期至Ⅳ期临床试验监察及管理、结果研究和医疗器械临床试验服务。SMO服务包括项目管理及临床现场管理服务。

二 通过内生和外延双方面发展，完善赋能平台

经过20年的高速发展，药明康德积累了丰富的行业经验，为国际

及国内领先的制药公司提供服务,与其建立深入的合作关系,在合作的过程中持续了解最新的行业发展趋势,积累满足客户需求的经验,并通过持续的能力和规模建设,以及战略性并购增强自身业务服务能力,为客户提供更加优质、全面的服务。

在内生建设方面,药明康德在全球范围内加强能力和规模的建设。公司计划继续在成都和启东建立研发中心、在无锡建立细胞和基因治疗产品 CDMO/CMO 研发中心、在苏州扩建药物安全评价中心、在香港建立创新研发中心、在全国范围加强 SMO 临床研究平台扩建及大数据分析平台建设、在美国圣地亚哥建立生物分析实验室、在美国费城扩建细胞和基因治疗生产厂房等。

在外延并购方面,药明康德先后收购了 AppTec、百奇生物、Crelux、辉源生物等多家优质公司,并在收购后对其业务与公司自身现有业务体系进行整合,实现完善产业链的同时增强协同效应。2018 年 7 月,公司收购了一家位于美国德克萨斯的临床试验 CRO 公司 WuXi Clinical Development, Inc. (ResearchPoint Global),将临床试验服务拓展到美国,增强为国内外客户进行创新药中美双报的临床试验服务能力。未来如果有合适的机会,公司将继续通过并购增强自身 CRO 和 CDMO/CMO 的服务能力。[①]

三 持续跟踪前沿科学技术,赋能创新

药明康德致力于运用最新的科学技术,赋能医药研发创新,帮助客户将新药从理念变为现实。公司拥有全球领先的新药研发平台和丰富的尖端项目经验,密切跟随新药研发科学技术发展的最前沿。以此为基础,药明康德通过探索包括人工智能、医疗大数据、自动化实验室等前沿科技,力求将其早日运用于新药研发流程当中,帮助客户提高研发效

---

① 刘凯、张朋朋:《药明康德:打造新药研发赋能平台》,《企业管理》2020 年第 2 期。

率，在最大程度上降低新药研发的门槛；凭借对行业趋势、新兴技术的深入理解，帮助客户了解最新的行业趋势，协助客户解读、研究最新的科研发现并将其转化为可行的商业成果，为客户赋能。自2015年初开始为国内客户提供一体化新药发现和开发服务，2018年，助力客户完成27个小分子创新药的IND申报工作，并获得17个项目的临床试验批件（CTA）。截至2018年12月31日，已累计完成55个项目的IND申报工作，并获得34个项目的CTA。公司通过上市许可持有人制度（MAH）等法规协助国内药企及科研院所开展新药研发。2018年，公司帮助歌礼制药的丙型肝炎新药戈诺卫和记黄埔的结直肠癌新药爱优特在国内成功上市，为中国上市许可持有人制度下两个创新药获批品种。

药明康德的服务能力和规模在行业处于领先地位，建立了竞争对手难以复制的护城河，能够更好地预测行业未来的科技发展及新兴研发趋势，抓住新的发展机遇。公司从医药创新的早期阶段——药物发现开始，为客户提供研发服务，始终保持对新药研发产业敏锐的洞察力，并能够比竞争对手更早地布局新的科学技术，保持领先优势。比如，在药物发现服务方面，公司充分发挥自身化学合成及化合物筛选的能力，建立了DNA编码化合物库，目前化合物库分子数量超过800亿个。该化合物库有助于加快靶点验证和苗头化合物鉴定，提高新药研发效率并降低成本。

四 拥有庞大、忠诚且不断扩大的客户群，构建医药健康领域的生态圈

药明康德拥有庞大、多样且忠诚的客户群。2018年，公司新增客户1400余家，合计为来自全球30多个国家的超过3700家客户提供服务，覆盖全球收入排名前20位的大制药企业。随着赋能平台服务数量及类型的不断增多，新老客户数量稳步增长。药明康德能够为客户提供高质量新药研发服务和严格的知识产权保护，帮助客户提高研发效率并降低研发成本。药明康德在行业内享有极高的客户忠诚度,可以跟随客户现有项目,在药物研发价值链推进期间以及客户开始新项目时,持续提供创新及多样的服务,即在 CRO 和 CDMO/CMO 阶段,从"跟随项目发展"到"跟随药物分子发展",不断扩大服务。

药明康德通过深化长尾战略,为客户提供全面及定制化的服务,满足不断增长且多元化的中小型生物技术公司、虚拟公司和个人创业者的需求。长尾客户对于 CRO 和 CDMO/CMO 需求更大。从能力和规模等方面为长尾客户赋能,使客户无须投资建设实验室以及其他固定资产而能专注于创新科学研究,加速项目推进并提高资本效率。

通过"一体化、端到端"的赋能平台,帮助降低新药研发门槛,提高研发效率,助力合作伙伴取得成功,并吸引更多的参与者加入新药研发行业。在这个过程中,药明康德持续驱动新知识、新技术的发展,提高研发效率、降低研发成本,平台创新赋能的能力不断增强,并形成一个良性循环的生态圈。积极促进行业交流互动,和企业家、业内人士以及投资者共同探讨产业发展的新思路、新机遇。国际方面,自 2013 年起,公司每年均在美国旧金山举办药明康德全球论坛。国内方面,每年举办药明康德生命化学奖,表彰行业杰出的科学家,并于 2019 年 3 月在上海举办了首届药明康德健康产业论坛。药明康德在全球医药健康行业的影响力不断扩大。

此外,药明康德还加强数据能力建设,致力于通过对数据进行收集、分析、验证,以数据产生洞见,提高新药研发效率。大数据、人工智能等领域和技术正在颠覆性地改变传统商业模式。未来,当数据驱动和技术驱动打破医药健康的数据壁垒,传统医药研发产业也有望迎来新一轮创新的高峰。公司成立了人工智能团队,并和全球领先的人工智能公司、大学合作,共同探索通过人工智能,进一步提高新药研发效率;公司投资并共同创立了医生手机应用教育平台公司云鹊医(PICA),目前已经覆盖超过 100 万名社区医生,为基层医生赋能。公司还与中国

500强企业之一的中国电子信息产业集团有限公司成立合营企业中电药明数据科技（成都）有限公司（简称"中电药明"）（CW Data），开发医药健康数据产品与服务。中电药明专注于数据信息学、商业分析以及咨询服务等业务，可以为医药健康生态圈的参与者（包括制药企业和保险公司）提供数据解决方案。

五 强化研发投入和人才持续引进，提升企业硬件和软实力

下手"快狠准"，是药明康德的一大特色。虽然药明康德的业务都是公认的高门槛、烧钱型领域，但无论是在资本，还是人才、技术、设备等方面，药明康德都独占优势。

囊中有米。药明康德成立于2000年，用了7年时间在美国纽交所上市，又过了8年，以33亿美元代价完成私有化。从2000年到2015年，药明康德的收入由20万美元增加到6.74亿美元，增长3000多倍。私有化后，有了更大的投资平台建设的自由，能够更加快速地扩展自己的能力和资产。截至2017年3月31日，药明康德共有30家境内控股子公司，27家境外控股子公司，3家分公司，6家参股子公司[①]。

2014—2018年研发费用稳步上升，研发收入占比逐年上升。2018年，药明康德研发费用为4.36亿元，同比增加42.82%。公司致力提高研发能力，持续加大研发投入，重点投入了DNA编码化合物库建设、合成化学AI/机器学习、新的药物机理研究和动物模型构建、新工艺合成技术的研究等研发活动，以及新产品项目和新技术平台的研发项目。

李革将公司成功的秘诀归于"人才"。在药明康德，80%的员工学历在本科以上，包括60多名"海归"和一大批国内年轻的、富有朝气和想象力的青年科研人才，这一支强大的科研队伍是企业成功的后盾。

优秀的人才梯队是药明康德保持成功的关键因素。截至2018年12

---

① 郑锦辉：《药明康德：私有化融资"全景"》，《中国外汇》2018年第12期。

月 31 日，公司拥有 17000 余名员工，包括 13000 余名科学家及研发技术人员，拥有海外博士学位或 10 年以上海外新药研发工作经验的资深海外归国人士 600 余人。公司致力于继续引进、培养并保留业内最优秀的人才，保持平台高品质的服务质量，满足客户需求。公司成立了干部管理学院，主动发掘并培养技术及管理人才。公司实行了多项重大人力资源举措，包括建立公平、透明的绩效评估体系；提供切实的晋升机会；提供技术及管理方面的培训；提供具有市场竞争力的薪酬待遇。此外，公司还通过股权激励，建立健全长效激励机制，并激发员工的积极性。公司于 2018 年 5 月在上海证券交易所上市，并于 2018 年 8 月完成上市后首次进行限制性股票激励，向 1353 名激励对象授予共计 6281330 股限制性股票。随着中国证监会发布的《关于修改〈上市公司股权管理办法〉的决定》、中登公司发布的《关于符合条件的外籍人员开立 A 股证券账户有关事项的通知》以及中国人民银行、国家外汇管理局联合发布的《中国人民银行国家外汇管理局关于印发〈境内上市公司外籍人员参与股权激励资金管理办法〉的通知》等相关政策及配套措施的逐步落地，境内上市公司外籍员工纳入了上市公司股权激励对象范围。在新的股权激励政策下，公司境外工作的外籍员工将有机会共同参与到公司的股权激励计划中，这将有利于激发公司海外人才的工作积极性，增强其归属感与忠诚度，同时有利于建立健全海外人才的招聘和保留机制，促进公司的长期稳定发展。

第三节　药明康德创新的主要特点

一　通过打造全产业链服务能力寻求差异化竞争优势

药明康德"一体化、端到端"的新药研发服务平台，无论是在服务的技术深度还是覆盖广度方面都能满足客户提出的多元化需求。大型跨国制药企业可以通过选择外部研发服务供应商提高研发效率并节省研发成本，同时，药明康德恪守最高国际质量标准，能够满足大型跨国药企对供应商能力的严格要求。公司客户覆盖全球收入排名前20位的大型药企，有的客户与公司有着超过10年的长期合作。凭借训练有素的研发团队和全球布局的研发中心，公司可以在最短时间内开展复杂的研发项目。另外，通过利用公司的开放式研发平台，生物技术公司、初创、虚拟公司无须投资建设实验室以及其他固定资产，即可快速获得全面的研发和生产能力。公司经验丰富的研发人员和全面的研发能力及规模能够有效地为这类小型生物科技公司赋能。而通过使用公司一站式的服务，客户也能够避免管理多个研发机构的繁杂工作，即可从一个机构获得新药研发从概念产生到商业化生产的各项服务，从而降低不同研发服务机构之间转移技术的成本和风险，提高研发效率、降低研发成本。

药明康德发挥"一体化、端到端"的新药研发服务平台优势，顺应新药研发项目从早期开始向后期不断发展的科学规律，从"跟随项目发展"到"跟随药物分子发展"，在不同阶段不断为客户提供服务。公司通过在新药研发早期阶段为客户赋能，赢得众多客户的信任，在行业内享有卓越声誉，进而在产品后期开发及商业化阶段可获得更多的业务机会。

二 选准优质发展赛道，业务高速增长

医药研发行业景气度高，企业选准赛道发展可助力业务高速增长。新药研发是一项高技术、高风险、高投入和长周期的复杂系统工程，然而伴随着全球新药研发成本及周期压力增大，药企通过聘用外部CRO/CMO/CDMO企业协助研发或生产，以降低研发支出。基于本土化市场的增长和政策性支持为医药研发服务行业带来机遇，以及持续的技术人才培养推动中国CRO行业和CMO/CDMO行业快速发展等多方面因素，医药研发服务行业市场规模高速增长。药明康德是同行业中极少数在新

药研发全产业链均具备服务能力的开放式新药研发服务平台，未来有望全面受益于全球新药研发外包服务市场的快速发展①。不同的生物医药企业应根据自身技术等多种资源选择合适的发展赛道，以求得将来业务量的进一步爆发。

三　以人为本，注重人才管理和激励

医药研发服务行业技术竞争力主要体现在高端技术人才储备方面，从业人员的技术水平、项目经验及项目承接能力与企业的竞争力直接相关。药明康德通过外部招募及内部培训等方式，建立完善的晋升制度及人才激励规划以联合培养研发、管理复合型人才，为药明康德持续发展打下了坚实的基础。除此以外，药明康德还大力推动人才轮岗制度及内部晋升体制的优化以提升员工的积极性，因此药明康德在 CRO 业务和 CMO/CDMO 业务方面的员工人均创收和人均创利皆处于行业较高水平。公司核心技术人员是公司核心竞争力的重要组成部分，也是公司赖以生存和发展的基础和关键。医药研发企业应注意培育医药研发领域的核心人才队伍，注重人才管理和激励，提高公司自身竞争力。

第四节　药明康德创新发展的启示与思考

药明康德的创新发展历程是中国医药研发创新的典型，带给我们诸多启示与思考。

一是以客户需求为核心打造平台优势。药明康德从诞生到不断发展壮大，顺应了全球医疗健康产业专业化发展的新趋势，其精心打造的面向客户的一体化研发平台是其成功的关键。因此，无论是平台型企业还

---

① 吴玥滢：《CRO 企业的盈利模式研究》，硕士学位论文，广东外语外贸大学，2019 年。

是其他类型企业，作为面向市场提供产品或服务的主体，必须精准把握客户需求，以寻求更大的竞争优势。

二是借助资本力量做大做强。对于科技型企业，资金缺乏是企业做大做强，甚至是活下去等基本问题面临的最大障碍。药明康德通过私有化以及"一拆三"分拆上市融资的方式，为"独角兽"企业融资提供了融资样板。因此，相关部门应该继续深化资本市场改革，为支持新经济崛起，尤其是"独角兽"企业发展提供制度供给。

第七章

中国企业创新政策

改革开放以来,为了尽快缩小与世界的差距,中国在较长时间内一直鼓励引进技术、设备和先进管理经验,即采取"以市场换技术和管理"战略,使企业获得快速发展,但在提升企业以技术为核心的竞争力方面却未达到预期效果。近些年来,中国政府更加清晰地认识到创新是企业实现从低端产品制造与出口向高附加值产品创新与生产转型的关键所在。基于这种认识,中国政府开始将创新发展作为一个重要的政策理念,以期促进自主知识产权的创造和商业化,研究和出台了大量企业创新的激励政策,对提升中国企业创新能力起到了积极的推动作用,成为中国经济发展政策的一个核心组成部分。经过四十多年的发展,中国企业创新政策从无到有、从少到多、从简到繁地快速发展,逐步形成了基于中国特色社会主义市场经济的企业创新政策体系。

第一节 企业创新政策的基本内涵

一 企业创新政策的概念与基本特征

所谓企业创新政策是指政府为鼓励和引导企业创新发展、规范企业创新行为、提升企业创新能力所采取的科学、技术、产业、教育、税收、金融等系列法律法规和政策措施的总和①，具有以下三个基本特征。

首先，企业创新政策是一系列政策的总和，因此构成了政策体系的概念。这个政策体系需要与科技政策、经济政策、产业政策等进行紧密结合，但并非其他政策体系的简单组合。政府应围绕企业创新政策的目标，将能够推动企业创新的各类政策进行有机的结合，最终形成合力，发挥出最佳的政策效果。

其次，企业创新政策不仅要鼓励和促进企业创新，还要对企业创新行为加以规范和引导②。这是因为企业创新行为并不完全都是对社会有益的，其短期收益也并不代表长期的正效益，同时经济效益也并不等同于社会效益。一般地，企业创新行为首先必须符合法律的规定和伦理道德的基本要求，如基因编辑技术作为一种新兴技术代表着先进的技术方向，但由于其安全性、有效性等尚有待时间考证，同时出于对人类基因库的保护等，目前中国明令禁止以生殖为目的的人类胚胎基因编辑活动。在2018年的"基因编辑婴儿事件"中，贺建奎等人蓄意逃避监管，实施国家明令禁止的以生殖为目的的人类胚胎基因编辑活动，严重违背了伦理道德和科研诚信，严重违反国家有关规定，在国内外造成恶劣影响。

最后，企业创新政策是企业和有为政府的有机统一。2018年12月召开的中央经济工作会议强调，要切实转变政府职能，大幅减少政府对资源的直接配置，强化事中事后监管，凡是市场能自主调节的就让市场来调节，凡是企业能干的就让企业干。因此，企业创新政策要坚持有所为、有所不为。在市场有效的地方，要切实尊重市场对创新资源配置的

---

① 张赤东：《企业创新政策体系与使用指南》，知识产权出版社2017年版；安志：《面向企业的政府创新激励政策效应研究》，博士学位论文，南京大学，2019年。
② 安志：《面向企业的政府创新激励政策效应研究》，博士学位论文，南京大学，2019年。

决定性作用，减少政府政策对市场的干扰。在市场失灵需要政府有所作为的地方，既要充分尊重企业创新的主体地位和赋予企业按照市场规律进行技术路线选择的权力，也要发挥有为政府的作用，如知识产品的公共品特性，要求以专利权等形式对创新的收益权进行保障；又如科技创新风险与收益的不对称性，要求创新激励政策对这二者进行调节；再如知识创新和技术创新的脱节，导致各类主体都没有足够的动力开展高新技术孵化等。这些问题无法简单地通过市场机制来解决，需要政府通过创新激励政策进行调节。

二　企业创新政策的构成要素

创新激励政策的基本构成要素包括政策主体、政策对象和政策手段。

政策主体主要包括立法机关和政府科技创新主管部门等，从国家层面上讲，成立于2018年8月的国家科技工作领导小组是中国科技工作的最高协调机构，科技部、财政部、国家发展改革委、工信部、教育部等部委均承担着创新政策制定的职能；从地区层面上讲，各级地方政府及其职能部门也有制定辖区范围内创新激励政策的职责和权限。

创新激励政策的作用对象包括中国科技创新体系的各类主体，如高校、科研院所以及企业等。根据中国高等院校和科研院所的管理特点，一些重点高校大多由部、省共建，中科院体系又在科研院所中占据了相当大的一部分，它们与地方政府的联系相对而言并不十分紧密。因此，对于地方政府而言，其创新激励政策大多集中在技术创新领域。而作为技术创新主体的企业，自然成为地方政府创新激励政策的主要激励对象。为了更好地贴近研究主题，本章主要考察以企业为主要激励对象的相关政策。

创新政策手段主要是指一系列具体的推动科技创新发展、规范科技创新行为的法律法规和政策措施，主要分类包括：施耐德（Schneider）

和英格拉姆（Ingram）从政府引导目标群体行为方式的角度，将政策工具归为诱因式、权威式、建立能力、象征性或劝说性、学习性五类政策工具；加拿大学者迈克尔·豪力特、M. 拉米什依据政府权力介入程度，将政策工具分为自愿性、强制性以及混合性三类；Rothwell 和 Zegveld 把已有创新政策归纳为 20 种创新政策工具（涵盖公共服务、科技机构、公共机构、教育、培训、信息、补助、信贷、风险投资、税赋、对外投资、奖励、合约研究、技术标准、贸易代理、商业、技术贸易、公共采购、规制、专利），并针对空间活动作用方式的不同，将政策工具分为供给、需求、环境三个方面。当前，最后两种分类方法在学术界较为主流，是使用较多的比较成熟的工具分类方式。国内学者柳卸林、连燕华以及赵筱媛、苏竣等的研究成果都是主要基于第三类方法进行。本章关于中国企业创新政策的分析也基于此。

第二节　中国企业创新政策的演进历程

中国的企业创新政策始于科技体制改革。改革开放以来，以 1978 年、1985 年、1995 年、2006 年和 2012 年召开的五次国家重要科技战略会议为标志，可将中国科技体制改革划分为五个主要阶段①。本节以此为基础，结合影响中国企业创新的重要文件和政策，将中国企业创新政策演变划分为以下阶段。

一　试点探索阶段（1978—1984 年）

1978 年 3 月 18 日召开的全国科学大会，拉开了中国科技体制改革的序幕。邓小平在大会上提出"科学技术是生产力""知识分子是工人

---

① 经济合作与发展组织、中华人民共和国科学技术部：《中国创新政策述评（Ⅱ）》，《科学观察》2009 年第 2 期。

阶级的一部分""四个现代化的关键是科学技术现代化"等重要论断，为中国科技工作发展指明了方向。

在这一阶段，中国在完善科技成果管理、科技进步奖励、科技成果有偿转让、建立技术市场、支持科研人员兼职和流动，以及建立专利制度等方面开始进行改革。随着长期停滞的科研生产活动逐渐恢复，一批具有市场经济意识的科研工作者开始突破体制的束缚，陆续走出科研院所和高校围墙，带着科研成果找企业转化或试办企业、中介机构等，探索将科技与经济相结合，促进科技成果转化、商品化之路，形成了一股创办民营科技企业的洪流，在以北京中关村、武汉东湖、沈阳等为代表的多个城市形成了"电子一条街"。

二　正式启动阶段（1985—1994年）

这一阶段改革的核心是确立科技成果商品化的思想，革除原有体制下科技与经济脱节的弊端，促进科技与经济的结合，进而解放和发展科技生产力。

1985年《中共中央关于科学技术体制改革的决定》出台，正式开启了中国科技体制改革的进程。《中共中央关于科学技术体制改革的决定》提出"应当按照经济建设必须依靠科学和技术、科学技术必须面向经济建设的战略方针，尊重科学技术发展规律，从中国实际出发对科学技术体制进行坚决的有步骤的改革"。1987年，国务院颁布《关于进一步推进科技体制改革的若干规定》，提出"进一步放活科研机构，促进多层次、多形式的科研生产横向联合；进一步改革科技人员管理制度，放宽放活对科技人员的政策，为充分发挥科技人员作用创造良好的社会环境"。同时，重点研发机构加快布局，原国家科委于1991年分别启动了国家工程技术研究中心和国家工程技术中心建设计划，依托重点高校、科研院所和企业，建设高水平科研实体。为鼓励企业建设高水平研发载体，1993年原国家经贸委发布了《鼓励和支持大型企业和企业集团建立技术中心暂行办法》。

同时，在这期间，《技术合同法》开始实施，技术市场得到大力发展。1993年修订通过的《中华人民共和国科学技术进步法》是中国有史以来第一部为科技进步而设立的基本法，对于推动全社会科技进步，加快经济社会发展具有十分重要的规范和指导意义。

三　不断深化阶段（1995—2005年）

1995年"科教兴国战略"的确立，标志着中国科技体制改革进入了深化阶段，开始"构建以企业为中心的科技创新体系"。科技政策改革的重点是推进创新体系由以公共科研机构为中心向以企业为中心转变，以提升企业的创新能力和科技产业化能力。《中共中央国务院关于加速科学技术进步的决定》明确提出了11项具体决定，其中"依靠科技进步提高工业增长的质量和效益""发展高技术及其产业""深化科技体制改革，建立适应社会主义市场经济体制和科技自身发展规律的新型科技体制"等，在促进和鼓励企业自身能力建设等方面发挥了重要的指导作用。

在这一阶段，技术创新工程、企业技术创新中心等国家创新工程正式启动，在企业技术改造、引进消化吸收等方面给予支持和鼓励，增强了企业的技术创新能力，使企业技术水平显著提高，技术进步明显加快，产品质量大幅度提高。科技型中小企业技术创新基金项目（1999年）、科技型中小企业成长路线图计划（2004年）等一批面向中小企业的科研项目也陆续启动。

四　自主创新阶段（2006—2011年）

2006年《国家中长期科学和技术发展规划纲要（2006—2020）》明确了"自主创新、重点跨越、支撑发展、引领未来"的科技工作指导方针，提出了自主创新战略和建设创新型国家的目标。这一时期深化科技体制改革政策的重点在于完成以企业为主体的创新体系的建设。

为落实《国家中长期科学和技术发展规划纲要（2006—2020）》相关部署，《关于促进企业自主创新成果产业化的若干政策》等一系列文件陆续出台。此外，2007 年《中华人民共和国企业所得税法》、2008 年《高新技术企业认定管理办法》和 2008 年《企业研究开发费用税前扣除管理办法（试行）》的实施，使得国家重点扶持和鼓励发展的产业和项目、重点扶持的高新技术企业以及开发新技术、新产品、新工艺的研究开发费用可以享受税收优惠，极大地激发了企业加大技术创新投入的热情。

五 全面深化阶段（2012 年以来）

2012 年全国科技创新大会召开，标志着中国进入了全面实施创新驱动发展战略新时期。科技体制改革的主要任务是：促进科技与经济紧密结合，推动企业成为技术创新的主体，不断增强企业创新能力。2013 年国务院办公厅发布《关于强化企业技术创新主体地位，全面提升企业创新能力的意见》（国办发〔2013〕8 号），指出要"建立健全企业主导产业技术研发创新的体制机制，促进创新要素向企业集聚，增强企业创新能力"，并明确提出"到 2015 年，基本形成以企业为主体、市场为导向、产学研相结合的技术创新体系。培育发展一大批创新型企业，企业研发投入明显提高，大中型工业企业平均研发投入占主营业务收入比例提高到 1.5%，行业领军企业达到国际同类先进企业水平，企业发明专利申请和授权量实现翻一番。企业主导的产学研合作深入发展，建设一批产业技术创新战略联盟和产业共性技术研发基地，突破一批核心、关键和共性技术，形成一批技术标准，转化一批重大科技成果。企业创新环境进一步优化，形成一批资源整合、开放共享的技术创新服务平台，面向企业的科技公共服务能力大幅度提高，涌现出一大批富有活力的科技型中小企业和民办科研机构。到 2020 年，企业主导产业技术研发创新的体制机制更加完善，企业创新能力大幅度提升，形成一批创新型领军企业，带动经济发展方式转变实现重大进展"。还确定了进一步完善引导企业加大技术创新投入的机制、支持企业建立研发机构、支持企业推进重大科技成果产业化、大力培育科技型中小企业、以企业为主导发展产业技术创新战略联盟、依托转制院所和行业领军企业构建产业共性技术研发基地、强化科研院所和高等学校对企业技术创新的源头支持、完善面向企业的技术创新服务平台、加强企业创新人才队伍建设、推动科技资源开放共享、提升企业技术创新开放合作水平和完善支持企业技术创新的财税金融政策等重点任务。

随着顶层设计的不断完善，一系列具体的政策举措不断出台，一些制约科技创新的条条框框和制度藩篱不断被打破。企业创新主体地位不断加强，企业研发费用加计扣除比例提高到75%的政策由科技型中小企业扩大至所有企业等政策进一步激发了企业创新投入的热情。产学研合作创新平台布局加快，国家制造业创新中心、国家产业创新中心、国家科技创新中心建设有序推进。人才激励政策不断推进，释放科研人员创新活力。《关于实行以增加知识价值为导向分配政策的若干意见》（2016年）进一步扩大了科研机构、高校收入分配自主权，加强科技成果产权对科研人员的长期激励，允许科研人员和教师依法依规适度兼职兼薪。通过"筑巢引凤"吸引一大批优秀人才回国创新创业，一支素质优良、具有国际化视野的创新人才队伍日益壮大。

第三节　中国企业创新政策演进的三大逻辑

改革开放以来，政府和市场关系的改革和完善经历了在社会主义有计划商品经济的框架内逐步扩大市场调节范围、市场在国家宏观调控下对资源配置起基础性作用、市场对资源配置起决定性作用和更好发挥政府作用，以及加快社会主义市场经济体制建设等阶段[①]。与之相应，中国的创新激励政策也经历了试点准备阶段、正式启动改革阶段、不断深化改革阶段、自主创新阶段和全面深化改革等几个阶段。总的来说，中国创新激励政策的演进朝着越来越注重发挥市场机制作用、强化企业创新主体地位的方向不断深化。随着国民经济的发展和科技创新实力的逐步增强，中国企业创新政策的重点也随之调整。

一 逻辑1：企业创新由政府推动向市场引导的转变

改革初期，中国开始由计划经济转向有计划的商品经济，强调计划经济为主、市场调节为辅，通过发展多种所有制经济和逐步扩大市场调节范围开展市场化改革。这一阶段的科技体制改革是将部分公共科研机构从研究实体中剥离出来，并转制为企业，催生了中国最早的一批信息科技企业。随后，经济体制改革的深入使创新激励的重点转向解决研发和生产环节脱节的问题。经济领域市场机制作用的发挥强化了科技创新的经济导向，技术市场开始建设，民营科技企业开始兴起，高校系统的改革也开始启动。同时，由于技术、资金等要素的匮乏，中国开始实施"以市场换技术"方针，通过放开国内市场，吸引外商投资，从而达到引进先进技术并通过消化吸收最终实现自主创新能力提升的目的。

1992年，中共十四大确立社会主义市场经济体制，明确国家调节市场，市场引导企业，调控方式由直接管理企业转向调节市场。这一时期，由于日本、韩国等国所执行的选择性产业政策，顺应了"国家调节市场"的需要，因此引进这种政策就成为一件顺理成章的事情[②]。经济体制领域的改革延伸到了科技体制领域，企业创新政策也表现出明显的

[①] 洪银兴：《市场化导向的政府和市场关系改革40年》，《政治经济学评论》2018年第6期。

[②] 吴敬琏：《我国的产业政策：不是存废，而是转型》，《中国流通经济》2017年第11期。

选择性特征。作为发展中国家,中国面临着紧迫的经济发展任务。企业的总体规模较小、发展经验匮乏、研发力量和创新意识明显不足,这就要求政策资源更多地投向那些以市场为导向的科技创新活动,加大对高科技企业的支持力度,有重点地发展高新技术产业,提升中国产业创新能力,增强中国产业的国际竞争力。此外,通过借鉴 OECD 国家的相关经验,"建设以企业为主体的技术创新体系"开始成为改革的重要方向,政策更加关注提升企业的自主创新能力,推动科技成果的转移转化。

2013 年,中共十八届三中全会提出"市场对资源配置起决定性作用和更好发挥政府作用"。市场对资源配置由起基础性作用转向起决定性作用,必然会牵动一系列的改革。这一时期,选择性企业创新激励政策开始向市场友善型的功能性激励政策转型,政府部门也开始重视法制环境建设、市场监管、创新人才的培养等工作,重点在于"通过全面深化科技体制改革,提升创新体系效能,着力激发创新活力。发挥市场对技术研发方向、路线选择、要素价格、各类创新要素配置的导向作用,让市场真正在创新资源配置中起决定性作用"。此外,随着经济和科技创新实力的快速提升,中国与发达国家在产业和科技创新领域的竞争越来越激烈,外部环境发生深刻变化,西方发达国家的科技保护主义抬头,中国在关键领域核心技术受制于人的局面未得到根本性改变。这一时期创新激励政策的另一个重要方面在于"以关键共性技术、前沿引领技术、现代工程技术、颠覆性技术创新为突破口,努力实现关键核心技术自主可控,把创新主动权、发展主动权牢牢掌握在自己手中"。

二 逻辑 2:企业创新政策从注重供给面向注重需求面和创新生态的转变

长期以来,为推动中国企业创新,政府从供给角度实施了一系列政策措施,如财税支持、金融创新、人才培养、技术引进、专利保护等等。一方面,由于科学研究和技术创新具有高风险、长周期的特点,因此,有效的财政引导政策及完善的使用和管理机制是企业创新活动得以持续进行的重要物质保障。为此,中国相继制定了《国家重点基础研究发展计划专项经费管理办法》等措施,以保障经费的合理使用。此外,国家还借鉴发达国家经验,探索金融改革,进一步拓宽和完善融资平台。如允许天使投资等风投给中小创新型企业注入资金;通过设立高新区、开发区、产业园区等,给予区域税收优惠政策以减少企业进行科技创新活动的成本;通过"创新失败可补偿"在四川等地试点,对企业开展自主创新给予容错态度。另一方面,创新驱动的实质是人才驱动,人力资本是开展科技创新活动的核心要素。改革开放以后,国家首先承认了知识分子的工人阶级身份,激发大量人才以主人翁的姿态投入科技创新活动。国家还相继出台了《关于引进国外智力以利四化建设的决定》等措施,并于 1994 年设立了国家杰出青年科学基金,以经济激励调动人才创新的积极性。2003 年胡锦涛在全国人才工作会议上提出要实施人才强国战略,中共十七大将其写入党章,后又提出《国家中长期人才发展规划纲要(2010—2020 年)》等,充分体现中国对人才资源的重视。

  供给侧方面的创新政策对于提升中国企业创新能力发挥了重要作用,与此同时也存在着创新资源浪费的情况。究其原因就在于科研院所未能与政府、企业实现协同创新,政府只负责向科研院所划拨科技资金,科研院所只对课题经费负责并做出成果。因此,从 2006 年国务院颁布《实施〈国家中长期科学和技术发展规划纲要(2006—2020)〉的若干配套政策》开始,中国逐步在创新需求激励政策方面进行尝试,在不降低财政资金投入的前提下,不断加大对企业创新产品市场推广(如政府购买、首台套等)、企业技术创新联盟建设等需求面的支持力度,同时也逐步增强企业创新载体建设、知识产权保护、金融支持等环境面的支持,为企业创新营造良好的创新生态。此外国家还颁布了《中华人民共和国科技成果转化法》《中华人民共和国科学技术知识普及法》《中华人民共和国专利法》等一系列法律法规和政策，推出了"973 计划"、国家科技创新工程、国家大学科技园、知识创新工程等重大专项计划。这些政策的出台系统搭建了国家创新体系的制度基础，为中国企业的创新提供了系统的支持。

三 逻辑3：创新模式从鼓励引进消化吸收再创新到自主创新的转变[①]

改革开放早期，中国企业所处经营和创新环境的最大特征之一就是"短缺"，由于当时所有产品都极度缺乏，加快生产成为关键任务。因此，这一阶段国家层面更多关注如何通过改革开放，激发市场活力、优化产业结构来克服当时供给短缺问题。推出的系列政策对促进企业的创新产生了持续作用。1979 年 6 月，国务院政府工作报告提出搞好国民经济的"调整、改革、整顿、提高"八字方针。1980 年正式设立深圳、珠海、汕头和厦门 4 个经济特区，探索市场经济的发展经验。1981 年进行扩大企业自主权试点工作，正式提出多种经济形式和经营方式可以长期并存，加快了推进市场主体成熟的步伐。1982 年中共中央正式肯定了包产到户，并正式提出要建设有中国特色的社会主义。1984 年中国进一步开放 14 个沿海城市，并提出兴办经济技术开发区，进一步激发国内经济活力。1985 年作出《关于科学技术体制改革的决定》，提出经济建设必须依靠科学技术的观点，将依靠科技推动经济发展纳入思考范畴。1986 年国家制定了《高技术研究发展计划纲要》，并正式设立"863 计划"，持续推动了中国科技的迅速发展。同年，国务院提出国有企业可以采用租赁、承包经营、股份制改革等多种方式提高活力。1988 年国务院决定扩大沿海经济开放区，新划入沿海开放区 140 个市、

[①] 李垣：《中国企业创新40年发展》，《商讯》2018 年第 4 期。

县，并重新修改宪法，确立了私营经济的合法地位，为私营经济的后期发展奠定了坚实的制度基础。在改革开放和市场化改革的鼓励下，企业按照国家的指导来实践新的管理方法。国家放权通过让利和承包制的做法鼓励企业加快生产，鼓励企业通过模仿创新和渐进创新的方式对生产效率进行改进。然而，一个很大的问题是承包制自身的不足带来严重的短期行为。更重要的是，承包期限较短而创新需要的时间很长。这种不匹配导致企业创新权力和动力不足，创新也并未成为企业的核心战略。

为了不断激发企业创新动力，国家逐渐加大对高新技术的支持力度，鼓励高新技术企业发展的一系列措施正式拉开了中国高新技术发展的序幕。1992年邓小平南方谈话正式确立了市场经济的正统性，中国社会主义市场经济体制确立，此后一段时间，国家经济发展以出口导向战略为主，鼓励企业充分利用中国要素资源成本低的优势，通过引进和消化国外技术来实现过程创新，特别是工艺创新，快速形成规模，不断扩大出口。

随后，引进、消化、吸收的创新模式逐渐暴露出短板，自主创新不足与缺乏核心技术成为制约中国企业创新升级的主要障碍，自主创新的呼声越来越高。这个时期的创新政策致力于推动企业的自主创新。1999年国家出台《关于加强技术创新、发展高科技、实现产业化的决定》，突出了高新技术产业领域的自主创新。2006年中国提出了"自主创新，建设创新型国家"的战略目标，并发布了《国家中长期科学和技术发展规划纲要（2006—2020年）》，总结了"自主创新，重点跨越，支持发展，引领未来"的指导方针。

2008年次贷危机爆发，严重波及国内众多制造企业的生存。在应对国际金融危机的反思中，社会各界开始重新审视中国制造及其在国际创新网络的定位。从国家层面看，以往引进、消化、吸收、再创新的追赶模式已经无法支撑可持续发展，国家出台了多项重要政策，推动关键技术和战略新兴产业发展。2010年政府颁布了《国务院关于加快培育和发展战略性新兴产业的决定》，换道超车成为中国创新的新战略；2012年中国提出《关于深化科技体制改革加快国家创新体系建设的意见》，努力建立企业主导产业技术研发创新的体制机制。2015年，习近平总书记提出"创新是引领发展的第一动力"，李克强总理在政府工作报告中提出"大众创业、万众创新"，中共中央、国务院发布《关于深化体制机制改革加快实施创新驱动发展战略的若干意见》，之后国务院发布实施《中国制造2025》来推动核心制造技术创新。2016年，中共中央、国务院进一步推出《国家创新驱动发展战略纲要》等重要政策。中美贸易争端让更多的企业重新聚焦关键技术，寻找"硬科技"突破之路。越来越多的企业发现依靠市场导向的创新只能在短时间内赢得竞争，"硬科技"支撑的产业发展才是长久战略。为了鼓励关键技术领域的突破创新，中国进一步修改了相关法律和政策。2018年修订了《中华人民共和国专利法》，加大知识产权保护力度，修订了《中华人民共和国促进科技成果转化法》，进一步提升科技成果转化的速度和效率。然而，到目前为止，中国大多数企业没有实现通过探索性创新塑造全球竞争力的目标，核心技术掌握不足仍然是其面临的主要创新难题。在当今创新驱动发展的关键转折点上，企业必须走上依靠"硬技术"创新实现转型突破之路。

第四节　中国企业创新政策重点剖析

近年来，企业创新主体地位和创新能力愈加受到重视，政府从法律和政策两个层面入手，为企业创新营造良好的环境。本节对相关重点法律法规、政策和举措进行系统梳理，对内容要点进行解读和剖析。

一 促进企业创新的法律环境

（一）《中华人民共和国科学技术进步法》（2007 年修订）

修订的《中华人民共和国科学技术进步法》增加了"企业技术进步"专章，从法律上确定了企业在技术创新中的主体地位，规定要"建立以企业为主体，以市场为导向，企业同科学技术研究开发机构、高等学校相结合的技术创新体系，引导和扶持企业技术创新活动，发挥企业在技术创新中的主体作用"，并针对技术创新资金需求量大、风险性高，企业科技投入积极性不高，而且财政性科技投入需要进一步加强的现状，从以下三个方面提出了支持企业创新的措施：（1）对企业科技投入实行优惠政策。从事高新技术产品研发、生产的企业，投资于中小型高新技术企业的创业投资企业，以及法律、行政法规规定的与科学技术进步有关的其他企业，可以享受税收优惠政策；企业研究开发费用可以税前列支并加计扣除，企业研发设备可以加速折旧。（2）通过多种渠道为企业提供技术创新资金。国务院设立基金，资助中小企业开展技术创新；国家利用财政性资金设立基金，为企业自主创新与成果产业化贷款提供贴息、担保；同时，鼓励设立创业投资引导基金，对社会资金流向创业投资企业、创业投资企业投资创业企业予以引导；政策性金融机构应当在其业务范围内对国家鼓励的企业自主创新项目给予重点支持；国家建立和发展促进自主创新的资本市场，支持符合条件的高新技术企业上市。（3）将创新投入等纳入国有企业负责人业绩考核的范围。为进一步落实企业创新责任，促进企业创新，规定将企业的创新投入、创新能力建设、创新成效等情况纳入国有企业负责人业绩考核的范围。

（二）《中华人民共和国企业所得税法》（2018 年修订）

对符合一定条件的企业实行税收优惠，主要包括：对国家重点扶持和鼓励发展的产业和项目，给予企业所得税优惠；符合条件的技术转让所得可以免征、减征企业所得税；国家需要重点扶持的高新技术企业，减按15%的税率征收企业所得税。企业开发新技术、新产品、新工艺发生的研究开发费用，可以在计算应纳税所得额时加计扣除；创业投资企业从事国家需要重点扶持和鼓励的创业投资，可以按投资额的一定比例抵扣应纳税所得额。企业的固定资产由于技术进步等原因，确需加速折旧的，可以缩短折旧年限或者采取加速折旧的方法。

（三）《中华人民共和国专利法》（2008年修订）

通过加强专利权保护激发企业技术创新的积极性。《中华人民共和国专利法》（以下简称《专利法》）自1984年首次通过以来，已进行了三次修订。1992年的第一次修订主要是为了落实深化改革，扩大开放，履行中国政府在中美两国达成的知识产权谅解备忘录中的承诺；2002年的第二次修订主要是为了社会主义市场经济体制的建立和完善，顺应中国加入WTO的要求。这两次修订较为注重引进国外的先进技术，加强对外资的知识产权保护。2008年的第三次修订是在"增强自主创新能力、建设创新型国家"这样一个发展战略的背景下进行的，因而有两个特点，一是鼓励创新能力的提高，二是加强对专利权的保护。为鼓励创新，新《专利法》提高了专利授权标准，授权条件由采用"相对新颖性标准"改为采用"绝对新颖性标准"，并取消了"向外国申请专利须先申请中国专利"的规定。为加强专利权保护，新《专利法》赋予了外观设计专利权人许诺销售权，这样外观设计专利权人可以制止他人未经其许可，以做广告、在商店货架或者展销会会场陈列等方式许诺销售该专利产品。新《专利法》增加诉前证据保全的规定，明确侵犯专利权的赔偿应当包括权利人维权的成本，加大对违法行为的处罚力度，并增加了法定赔偿的规定。新《专利法》还将假冒他人专利的罚款数额从违法所得的3倍提高到4倍，没有违法所得的，将罚款数额从5万元提高到20万元。此外，为提高司法保护的效率，还规定在诉讼活动中，权利人的损失、侵权人获得的利益和专利许可使用费均难以确定的，人民法院可以根据专利权的类型、侵权行为的性质和情节等因素，确定给予 1 万元以上 100 万元以下的赔偿。"

(四)《中华人民共和国反垄断法》(2007 年修订)

《中华人民共和国反垄断法》(以下简称《反垄断法》)通过保障充分竞争,在一定程度上激发了中小企业的创新热情和活力。垄断在中国有两种:一种是国有大企业带有行政色彩的行业垄断,另一种是跨国大集团以技术、专利、标准为手段的技术垄断。前者是霸占了资源上游的隐性垄断,后者是横行于市场下游的显性垄断,使大多数中小企业在某些行业领域没有了独立生存和自主发展的空间。《反垄断法》的出台对鼓励中小型企业的创新发展具有重要意义。

另外,《反垄断法》为企业科技创新创造了更加广阔的发展空间,明确了创新协议和一般垄断协议的区别,指出为改进技术和研究开发新产品、为统一规格和标准、为增强中小企业竞争能力、为节能减排的经营者协议,不属于垄断行为。这就对企业之间进行协同技术攻关、统一行业标准等给予了保障,从而有助于进一步推动产业和企业的技术创新。

(五)《中华人民共和国合伙企业法》(2006 年修订)

《中华人民共和国合伙企业法》(以下简称《合伙企业法》)通过规定有限合伙形式,为风险投资方注入了动力,从而引导和鼓励社会资源更多地流向创新企业。由于风险投资行业存在高风险性及高度的信息不对称,因此,如何吸引投资者投入资本,是决定风险投资机构能否发展壮大的一个关键问题。从各方面来分析,风险投资机构采用有限合伙这一组织形式,具有较强的适应性和科学性,是目前实业界和理论界公认的风险投资基金运作的最佳组织形式。新修订的《合伙企业法》规定了三种合伙形式:普通合伙、特殊的普通合伙以及有限合伙。能够将资金与管理技术结合是风险投资的最大优势,其中有限合伙这种组织形式最有利于实现资金与管理技术的高效结合。投资者只负责出资,也仅在其出资范围内承担责任,不必管理合伙事务;而管理技术方则完全可以利用自己的智力来管理、支配风险资金,当然,这也要其以承担无限责任为代价。但总体来讲,有限合伙形式能降低部分投资者的投资风险,使更多的资金进入风险投资领域,引导和鼓励社会资源更多地流向创新企业。

(六)《中华人民共和国中小企业促进法》(2017年修订)

这是中国第一部关于中小企业的专门法律,标志着中国促进中小企业发展正式走上规范化和法治化轨道。这部法律明确了促进中小企业技术创新的多方面政策,包括税收激励、投融资支持、政府采购、加强技术创新服务体系建设等。2017年最新修订的《中华人民共和国中小企业促进法》(以下简称《中小企业促进法》)将"技术创新"章节修改为"创新支持",在原法鼓励中小企业技术和产品创新的基础上,增加了管理模式和商业模式等创新,使创新的内涵更加丰富,并且增加了很多具体内容,包括通过支持中小企业信息化应用,鼓励参与共性技术研究和科研实施,提高中小企业知识产权创造、运用、保护和管理能力,进一步推动产学研合作等,将目前行之有效的创新扶持政策纳入法律修订中,支持中小企业提高创新发展能力和水平。

进一步拓展了中小企业创新的内涵。新《中小企业促进法》第三十二条规定:"国家鼓励中小企业按照市场需求,推进技术、产品、管理模式、商业模式等创新",该条在原法鼓励中小企业技术和产品创新的基础上,增加了管理模式和商业模式等创新,使创新的内涵更加丰富。

进一步降低中小企业技术创新成本。为使更多的中小企业平等享受到政策优惠,提高对企业技术创新投入的回报,打通政策实施"开始一公里"到"最后一公里",国家明确将中小企业固定资产折旧政策和中小企业研究开发费用加计扣除政策纳入新《中小企业促进法》,营造普惠的创新法律环境,支持中小企业技术创新。新《中小企业促进法》第三十二条规定:"中小企业的固定资产由于技术进步等原因,确需加速折旧的,可以依法缩短折旧年限或者采取加速折旧方法。国家完善中小企业研究开发费用加计扣除政策,支持中小企业技术创新。"目前中国固定资产加速折旧税收优惠政策既有面向所有行业、所有规模企业的,也有专门面向重点行业和小微企业的。与此同时,研发费用加计扣除政策是促进企业加大研发投入,提高自主创新能力,加快产业结构调整的重要优惠政策。按照《中华人民共和国企业所得税法》及实施条例,该政策针对所有企业为开发新技术、新产品、新工艺发生的研发费用给予50%税前加计扣除。

进一步突出了新一代信息技术在中小企业创新发展中的重要作用。新《中小企业促进法》第三十三条规定:"国家支持中小企业在研发设计、生产制造、运营管理等环节应用互联网、云计算、大数据、人工智能等现代技术手段,创新生产方式,提高生产经营效率。"中小企业在实体经济发展中扮演着重要的角色,是新兴产业的重要推动力量和应用新技术的主力军。利用互联网和信息通信技术的优势,提高中小企业信息化应用水平,是提高中小企业全要素生产率、管理水平和市场竞争力的重要手段。

进一步鼓励中小企业参与共性技术研发。新《中小企业促进法》第三十四条规定:"国家鼓励中小企业参与产业关键共性技术研究开发和利用财政资金设立的科研项目实施。国家推动军民融合深度发展,支持中小企业参与国防科研和生产活动。国家支持中小企业及中小企业的有关行业组织参与标准的制定。"

进一步强调了知识产权对中小企业创新的重要作用。新《中小企业促进法》第三十五条规定:"国家鼓励中小企业研究开发拥有自主知识产权的技术和产品,规范内部知识产权管理,提升保护和运用知识产权的能力;鼓励中小企业投保知识产权保险,减轻中小企业申请和维持知识产权的费用等负担。"

进一步鼓励各类创新服务机构提供服务。新《中小企业促进法》第三十六条规定:"县级以上人民政府有关部门应当在规划、用地、财政等方面提供支持，推动建立和发展各类创新服务机构。国家鼓励各类创新服务机构为中小企业提供技术信息、研发设计与应用、质量标准、实验试验、检验检测、技术转让、技术培训等服务，促进科技成果转化，推动企业技术、产品升级。"

进一步鼓励产学研合作促进中小企业创新发展。新《中小企业促进法》第三十七条规定："县级以上人民政府有关部门应当拓宽渠道，采取补贴、培训等措施，引导高等学校毕业生到中小企业就业，帮助中小企业引进创新人才。国家鼓励科研机构、高等学校和大型企业等创造条件向中小企业开放试验设施，开展技术研发与合作，帮助中小企业开发新产品，培养专业人才。国家鼓励科研机构、高等学校支持本单位的科技人员以兼职、挂职、参与项目合作等形式到中小企业从事产学研合作和科技成果转化活动，并按照国家有关规定取得相应报酬。"

（七）《中华人民共和国促进科技成果转化法》（2015年修订）

2015年修订的《中华人民共和国促进科技成果转化法》第十条规定："利用财政资金设立应用类科技项目和其他相关科技项目，有关行政部门、管理机构应当改进和完善科研组织管理方式，在制定相关科技规划、计划和编制项目指南时应当听取相关行业、企业的意见；在组织实施应用类科技项目时，应当明确项目承担者的科技成果转化义务，加强知识产权管理，并将科技成果转化和知识产权创造、运用作为立项和验收的重要内容和依据。"为降低科技成果转化的融资难度，新法对科技成果转化的融资从财政经费支持、税收优惠、金融、保险、创业等多方面进行了完善，具体可参见该法第三十三条至第三十九条。

（八）其他法律

《中华人民共和国物权法》（以下简称《物权法》）提出创新担保物权制度，新增了"应收账款"质押和"浮动抵押"，有助于中小企业拓宽融资渠道。融资难是中小企业发展和技术创新的瓶颈问题之一，因为中小企业可以用来融资的担保工具比较少，有的中小企业可能根本就没有房地产，机器设备可能都被抵押了。对有些中小企业来说，财产构成主要是应收账款。根据以往的法律规定，应收账款不能作为担保的工具，所以中小企业很难从银行获得贷款。而新出台的《物权法》规定应收账款可以作为质押。另外，《物权法》还规定了"浮动抵押"制度。浮动抵押就是可以用将来的不动产进行抵押。按照以往法律规定，可以作为担保物的财产必须是特定的，但是经营者在买卖过程中，其财产是不断流动的，如果允许用这些不断浮动的财产设定担保，就可拓宽融资渠道，所以《物权法》规定："企业、个体工商户、农业生产经营者可以将现有的以及将有的生产设备，原材料半成品、产品抵押。"

2014年修订的《中华人民共和国政府采购法》规定："政府采购应当有助于实现国家的经济和社会发展政策目标，包括保护环境、扶持不发达地区和少数民族地区、促进中小企业发展等。"该法条的内容为企业，尤其是中小企业的创新产品提供了一定的市场。

二 促进企业创新的政策环境

在创新体系建设的新时期，中国已经从科技政策转向了创新政策，并且构建了跨部门的创新政策体系。目前涉及企业创新政策的部门主要有国家发改委、财政部、科技部、商务部、中国海关、中国人民银行等，这些部门从科技计划、税收激励、金融支持、政府采购、创造和保护知识产权、科技人才队伍建设、教育与科普、科技创新基地与平台等方面制定相关政策，加强对企业创新活动的支持。

（一）财政科技计划投入政策

为有效配置科技资源，将财政科技经费更加聚焦于共性技术等市场失灵领域，财政部和科技部于2006年出台《关于改进和加强中央财政科技经费管理的若干意见》（国办发〔2006〕56号），并明确要求，要加大财政支持力度，改进国家科技计划（基金等）支持方式，国家有关科技计划项目要更多地反映企业重大科技需求，在具有明确市场应用前景的领域，应当由企业、高校、科研院所共同参与实施。

同时，改革开放以来中国实施了"863"计划、"973"计划、国家自然科学基金、火炬计划、星火计划等各类科技计划、专项和基金，但这些项目之间存在重复、分散、封闭、低效等现象，以及多头申报项目、资源配置"碎片化"等问题。为解决这些问题，国务院于2014年印发《关于深化中央财政科技计划（专项、基金等）管理改革的方案》，提出按照企业技术创新活动不同阶段的需求，分类整合技术创新引导专项（基金），对国家发改委、财政部管理的新兴产业创投基金，科技部管理的政策引导类计划、科技成果转化引导基金，财政部、科技部、工业和信息化部、商务部共同管理的中小企业发展专项资金中支持科技创新的部分，以及其他引导支持企业技术创新的专项资金（基金），进一步明确功能定位并进行分类整合，避免交叉重复。此外，还规定要切实发挥杠杆作用，通过市场机制引导社会资金和金融资本进入技术创新领域，形成天使投资、创业投资、风险补偿等政府引导的支持方式。政府要通过间接措施加大支持力度，落实和完善税收优惠、政府采购等支持科技创新的普惠性政策，激励企业加大自身的科技投入，真正发展成为技术创新的主体。

2019年，国务院办公厅颁布《科技领域中央与地方财政事权和支出责任划分改革方案》（国办发〔2019〕26号），提出中央财政侧重支持全局性、基础性、长远性工作，以及面向世界科技前沿、面向国家重大需求、面向国民经济主战场组织实施的重大科技任务。同时中央财政要进一步发挥中央对地方转移支付的作用，充分调动地方的积极性和主动性。地方财政则侧重支持技术开发和转化应用，构建各具特色的区域创新发展格局。

（二）税收激励政策

实行税收优惠一直是中国鼓励企业科技投入的重要手段。近年来，财政部和国家税务总局、国家发改委、海关总署等部门陆续出台了一系列相关税收激励配套政策，涉及鼓励企业进行创新科技投入、鼓励创业投资企业投资和社会资金捐赠企业创新活动，以及为企业创新营造科技服务环境等。

统一并加大对企业自主创新投入的所得税税前抵扣力度。中国实施企业研发费用加计扣除政策始于1996年，随后通过不断扩大研发费用加计扣除的适用范围和扣除比例、简化申请程序等方式鼓励和支持企业创新。2015年11月，经国务院批准，财政部、国家税务总局和科技部联合下发《关于完善研究开发费用税前加计扣除政策的通知》（财税〔2015〕119号），放宽了享受优惠的企业研发活动及研发费用的范围，大幅减少了研发费用加计扣除口径与高新技术企业认定研发费用归集口径的差异，并首次明确了负面清单制度。《国家税务总局关于企业研究开发费用税前加计扣除政策有关问题的公告》（国家税务总局公告2015年第97号），简化了研发费用在税务处理中的归集、核算及备案管理，进一步降低了企业享受优惠的门槛。2017年5月，为进一步鼓励科技型中小企业加大研发费用投入，根据国务院常务会议决定，财政部、国家税务总局、科技部联合印发了《关于提高科技型中小企业研究开发费用税前加计扣除比例的通知》（财税〔2017〕34号），将科技型中小企业享受研发费用加计扣除比例由50%提高到75%。国家税务总局同时下发了《关于提高科技型中小企业研究开发费用税前加计扣除比例有关问题的公告》（国家税务总局公告2017年第18号），进一步明确政策执行口径，保证优惠政策的贯彻实施。三部门还印发了《科技型中小企业评价办法》（国科发政〔2017〕115号），明确了科技型中小企业评价标准和程序。

允许企业加速研究开发仪器设备折旧。2006年出台的《关于企业技术创新有关企业所得税优惠政策的通知》（财税〔2006〕88号）规定，企业新购进的用于研究开发的仪器和设备，单位价值在30万元以下的，可一次或分次计入成本费用，在企业所得税税前扣除，其中达到固定资产标准的应单独管理，不再提取折旧；单位价值在 30 万元以上的，允许其采取双倍余额递减法或年数总和法实行加速折旧。2015 年底，财政部、国家税务总局、科技部联合下发了《关于完善研究开发费用税前加计扣除政策的通知》（财税〔2015〕119 号），就企业用于研发的仪器设备的相关费用加计扣除政策进行调整，允许加计扣除的研发费用中，不仅包括"用于研发活动的仪器、设备的运行维护、调整、检验、维修等费用，以及通过经营租赁方式租入的用于研发活动的仪器、设备租赁费"，还包括"用于研发活动的仪器、设备的折旧费"。

免征企业研发机构进口科技开发用品及引进关键设备、原材料及零部件的进口关税和进口环节增值税。2016 年 7 月，财政部、海关总署、国家税务总局《关于"十三五"期间支持科技创新进口税收政策的通知》（财关税〔2016〕70 号）规定，对科学研究机构、技术研发机构、学校等单位进口国内不能生产或者性能不能满足需要的科学研究、科技开发和教学用品，免征进口关税和进口环节增值税、消费税。2007 年 1 月 31 日财政部、海关总署、国家税务总局令第 44 号公布《科技开发用品免征进口税收暂行规定》，明确指出企业研发机构在合理数量范围内进口国内不能生产或者性能不能满足需要的科技开发用品，免征进口关税和进口环节增值税、消费税。2015 年，财政部、海关总署发布的《关于调整重大技术装备进口税收政策有关目录及规定的通知》（财关税〔2015〕51 号）规定，对符合规定条件的国内企业生产《国家支持发展的重大技术装备和产品目录（2015 年修订）》所列的装备或产品和确有必要进口的《重大技术装备和产品进口关键零部件及原材料商品目录（2015 年修订）》所列的商品，免征关税和进口环节增值税。

对国家大学科技园科技企业孵化器和众创空间实行税收优惠，为企业创新营造科技服务环境。《关于科技企业孵化器 大学科技园和众创空间税收政策的通知》（财税〔2018〕120 号）明确提出，为进一步鼓励创业创新，自 2019 年 1 月 1 日至 2021 年 12 月 31 日，对国家级、省级科技企业孵化器、大学科技园和国家备案众创空间自用以及无偿或通过出租等方式提供给在孵对象使用的房产、土地，免征房产税和城镇土地使用税；对其向在孵对象提供孵化服务取得的收入，免征增值税。

支持创业投资发展，对创业投资企业和天使投资个人实行税收优惠。2018 年，财政部、国家税务总局发布的《关于创业投资企业和天使投资个人有关税收政策的通知》提出"公司制创业投资企业采取股权投资方式直接投资于种子期、初创期科技型企业（以下简称'初创科技型企业'）满 2 年（24 个月，下同）的，可以按照投资额的 70% 在股权持有满 2 年的当年抵扣该公司制创业投资企业的应纳税所得额；当年不足抵扣的，可以在以后纳税年度结转抵扣。""有限合伙制创业投资企业（以下简称'合伙创投企业'）采取股权投资方式直接投资于初创科技型企业满 2 年的，该合伙创投企业的合伙人分别按以下方式处理：1. 法人合伙人可以按照对初创科技型企业投资额的 70% 抵扣法人合伙人从合伙创投企业分得的经营所得；当年不足抵扣的，可以在以后纳税年度结转抵扣。2. 个人合伙人可以按照对初创科技型企业投资额的 70% 抵扣个人合伙人从合伙创投企业分得的经营所得；当年不足抵扣的，可以在以后纳税年度结转抵扣。""天使投资个人采取股权投资方式直接投资于初创科技型企业满 2 年的，可以按照投资额的 70% 抵扣转让该初创科技型企业股权取得的应纳税所得额；当期不足抵扣的，可以在以后取得转让该初创科技型企业股权的应纳税所得额时结转抵扣。天使投资个人投资多个初创科技型企业的，对其中办理注销清算的初创科技型企业，天使投资个人对其投资额的 70% 尚未抵扣完的，可自注销清算之日起 36 个月内抵扣天使投资个人转让其他初创科技型企业股权取得的应纳税所得额。"

表 7-1　　　　　　　　　目前中国主要企业税收优惠政策

文件名称	文件号	优惠内容
财政部 国家税务总局 科技部《关于提高研究开发费用税前加计扣除比例的通知》	财税〔2018〕99号	企业开展研发活动中实际发生的研发费用，未形成无形资产计入当期损益的，在按规定据实扣除的基础上，在2018年1月1日至2020年12月31日期间，再按照实际发生额的75%在税前加计扣除；形成无形资产的，在上述期间按照无形资产成本的175%在税前摊销
财政部 国家税务总局 科技部《关于企业委托境外研究开发费用税前加计扣除有关政策问题的通知》	财税〔2018〕64号	委托境外进行研发活动所发生的费用，按照费用实际发生额的80%计入委托方的委托境外研发费用。委托境外研发费用不超过境内符合条件的研发费用三分之二的部分，可以按规定在企业所得税前加计扣除
财政部 国家税务总局《关于设备、器具扣除有关企业所得税政策的通知》	财税〔2018〕54号	对生物药品制造业，专用设备制造业，铁路、船舶、航空航天和其他运输设备制造业，计算机、通信和其他电子设备制造业，仪器仪表制造业，信息传输、软件和信息技术服务业等6个行业的企业2014年1月1日后新购进的固定资产，可缩短折旧年限或采取加速折旧的方法。所有行业的企业在2018年1月1日至2020年12月31日期间新购进的设备、器具，单位价值不超过500万元的，允许一次性计入当期成本费用在计算应纳税所得额时扣除，不再分年度计算折旧；单位价值超过500万元的，仍按企业所得税法实施条例、《财政部国家税务总局关于完善固定资产加速折旧企业所得税政策的通知》（财税〔2014〕75号）、《财政部国家税务总局关于进一步完善固定资产加速折旧企业所得税政策的通知》（财税〔2015〕106号）等相关规定执行
企业所得税法实施条例（2019）	第九十七条	创业投资企业采取股权投资方式投资于未上市的中小高新技术企业2年以上的，可以按照其投资额的70%在股权持有满2年的当年抵扣该创业投资企业的应纳税所得额；当年不足抵扣的，可以在以后纳税年度结转抵扣

续表

文件名称	文件号	优惠内容
财政部 国家税务总局《关于创业投资企业和天使投资个人有关税收政策的通知》	财税〔2018〕5号	公司制创业投资企业采取股权投资方式直接投资于种子期、初创期科技型企业满2年（24个月）的，可以按照投资额的70%在股权持有满2年的当年抵扣该公司制创业投资企业的应纳税所得额；当年不足抵扣的，可以在以后纳税年度结转抵扣
财政部 国家税务总局《关于延长高新技术企业和科技型中小企业亏损结转年限的通知》	财税〔2018〕76号	自2018年1月1日起，当年具备高新技术企业或科技型中小企业资格的企业，其具备资格年度之前5个年度发生的尚未弥补完的亏损，准予结转以后年度弥补，最长结转年限由5年延长至10年
企业所得税法实施条例（2019年）		符合条件的技术转让所得免征、减征企业所得税，是指一个纳税年度内，居民企业技术转让所得不超过500万元的部分，免征企业所得税；超过500万元的部分，减半征收企业所得税
中华人民共和国企业所得税法（2018年修正）		国家需要重点扶持的高新技术企业，减按15%的税率征收企业所得税
财政部 国家税务总局 科技部 教育部关于科技企业孵化器 大学科技园和众创空间税收政策的通知	财税〔2018〕120号	自2019年1月1日至2021年12月31日，对国家级、省级科技企业孵化器、大学科技园和国家备案众创空间自用以及无偿或通过出租等方式提供给在孵对象使用的房产、土地，免征房产税和城镇土地使用税；对其向在孵对象提供孵化服务取得的收入，免征增值税

（三）金融支持政策

资金是重要的创新投入要素之一，其多寡影响甚至决定着企业技术创新能否启动及其成败。要解决资金问题，除了上述提到的通过税收激励政策来鼓励各方投资企业创新外，还必须营造支持和激励企业创新的金融环境，拓宽融资渠道，以降低企业创新成本，并适当转移创新风险。

鼓励和引导政策性银行通过支持国家重大科技项目、发放软贷款或给予国家创新型试点企业贷款等方式为企业创新提供政策性金融支持。《支持国家重大科技项目政策性金融政策实施细则》（银监发〔2006〕95号）规定政策性银行应当设立专门账户，反映支持国家重大科技项目的各类政策性专项业务和项目，实行项目专项管理、单独核算；并规定政策性银行按照国家有关规定，给予经认定的国家重大科技项目的风险补偿和贴息支持。《国家开发银行高新技术领域软贷款实施细则》规定，对国家重大科技产业化项目、科技成果转化项目和高新技术产业化项目等活动给予软贷款，并明确软贷款的期限原则上不超过10年，宽限期一般为2—3年，最长不超过5年。高新技术项目软贷款的利率在中国人民银行规定的同档贷款基准利率上准许下浮，原则上最大下浮幅度不得超过中国人民银行的规定，但对列入国家重大科技计划等项目，软贷款的利率可以在规定最大下浮幅度基础上再下浮10%。《关于对创新型试点企业进行重点融资支持的通知》明确，开发银行将与科技部合作运用开放性金融产品和金融服务，对国家创新型试点企业给予重点支持。

鼓励和引导商业银行等为企业技术创新提供商业性金融服务。《关于商业银行改善和加强对高新技术企业金融服务的指导意见》要求商业银行和其他银行业金融机构应当根据高新技术企业金融需求特点，完善业务流程、内部控制和风险管理，改善和加强对高新技术企业服务质量。《中国进出口银行支持高新技术企业发展特别融资账户实施细则》要求中国进出口银行设立支持高新技术企业发展的特别融资账户，并按市场化原则经营，通过创业风险投资，扶持中小型高新技术企业发展。2011年《中国银监会关于支持商业银行进一步改进小企业金融服务的通知》和《中国银监会关于支持商业银行进一步改进小型微型企业金融服务的补充通知》提出优先审批小微企业金融服务机构准入事项等一系列差异化监管和激励政策。2012年，中共中央、国务院印发的《关于深化科技体制改革加快国家创新体系建设的意见》提出，要加大对科技型中小企业的信贷支持力度，充分发挥资本市场支持科技型中小企业的创新创业的重要作用。国务院于 2015 年 3 月提出选择符合条件的银行业金融机构探索投贷联动，2016 年 4 月，《关于支持银行业金融机构加大创新力度开展科创企业投贷联动业务试点的指导意见》发布，鼓励和指导银行业金融机构开展投贷联动业务试点，并明确了首批 10 家试点银行。

鼓励和引导信用担保机构支持中小企业技术创新。《关于加强中小企业信用担保体系建设的意见》指出，通过风险补偿和税收优惠来加强和完善中小企业信用担保体系建设，并对符合条件的中小企业信用担保机构免征三年营业税的税收优惠政策，开展贷款担保业务的担保机构，按照不超过当年年末责任余额 1% 的比例以及税后利润的一定比例提取风险准备金，担保机构实际发生的代偿损失，可按照规定在企业所得税前扣除。2010 年发布的《关于加强知识产权质押融资与评估管理支持中小企业发展的通知》要求建立完善知识产权质押融资风险管理机制。2016 年，国家知识产权局、工业和信息化部印发的《关于全面组织实施中小企业知识产权战略推进工程的指导意见》指出，完善知识产权间接融资渠道，鼓励商业银行、保险公司、担保公司、众筹平台公司等金融机构参与知识产权质押融资活动；推动各类金融机构创新知识产权金融服务，为中小企业提供知识产权资产证券化、专利保险等新型金融产品。发展知识产权直接融资渠道，引导和鼓励重点产业知识产权运营基金、相关政府性投资基金、天使基金、创业投资基金等，参与中小微企业开展知识产权运营活动。

引导创业投资机构投资科技型中小企业技术创新。《科技型中小企业创业投资引导基金管理暂行办法》通过引导基金可以申请阶段参股、投资形成的股权其他股东或投资者可以随时购买、创业投资机构在完成投资后可以申请风险补助等措施来引导创新投资机构支持科技型中小企业技术创新。《关于促进科技和金融结合加快实施自主创新战略的若干意见》（国科发财〔2011〕540号）提出，要充分发挥创业投资引导基金的重要作用。扩大科技型中小企业创业投资引导基金规模，综合实施阶段参股、风险补助和投资保障等措施，引导创业投资机构向初创期科技型中小企业投资，促进科技型中小企业创新发展。鼓励和支持地方规范设立和运作创业投资引导基金，逐步形成上下联动的创业投资引导基金体系，引导更多社会资金进入创业投资领域，促进政府引导、市场运作的创业投资发展。

（四）创造和保护知识产权政策

当今世界，知识产权日益成为国家发展的战略性资源和国际竞争力的核心要素，成为建设创新型国家的重要支撑和掌握发展主动权的关键。创造和保护知识产权是提高创新层次、保护技术创新成果的重要体现和保障。2008年国务院发布《国家知识产权战略纲要》，这是国家层面全面推进知识产权制度建设的一个纲领性文件，提出要通过完善知识产权制度，大力提升知识产权创造、运用、保护和管理能力，为企业构建一个创造和运用知识资源的环境，进而增强中国企业的市场竞争力。中共十八大以来，以习近平同志为核心的党中央聚焦世界和中国发展的新形势，做出了一系列富有远见的战略部署，对知识产权工作多次做出重要指示。2014年，国务院办公厅在《深入实施国家知识产权战略行动计划（2014—2020年）》中做出将知识产权战略实施工作推向深入的重大决定；2015年，国务院发布《国务院关于新形势下加快知识产权强国建设的若干意见》对知识产权强国建设做出整体部署；2016年，《"十三五"国家知识产权保护和运用规划》首次被纳入国家重点专项规划。知识产权政策主要围绕以下两个方面开展。

一是加快掌握关键技术和重要产品的自主知识产权。2006年12月发布的《我国信息产业拥有自主知识产权的关键技术和重要产品目录》要求国家科技计划和建设投资将对列入目录的技术和产品的研制及产业化予以重点支持,对开发目录中技术和产品的企业在专利申请、标准制定、国际贸易和合作等方面予以支持。《关于提高知识产权信息利用和服务能力 推进知识产权信息服务平台建设的若干意见》要求充分认识知识产权信息对科技创新的重要作用,全面提高利用知识产权信息的意识和能力,大力发展知识产权信息服务队伍,加快推进知识产权信息服务平台建设,为自主知识产权的创造和市场开拓提供知识产权信息服务。

二是加强知识产权保护。2016年12月,国务院发布《"十三五"国家知识产权保护和运用规划》(国发〔2016〕86号),提出深入实施国家知识产权战略,深化知识产权领域改革,打通知识产权创造、运用、保护、管理和服务的全链条,严格知识产权保护,加强知识产权运用,提升知识产权质量和效益,扩大知识产权国际影响力。推进知识产权与产业、科技、环保、金融、贸易以及军民融合等政策的衔接;提升企业知识产权综合能力,培育知识产权优势企业,完善知识产权强企工作支撑体系。中共中央办公厅、国务院办公厅印发《关于实行以增加知识价值为导向分配政策的若干意见》(厅字〔2016〕35号),提出要实行以增加知识价值为导向的分配政策,充分发挥收入分配政策的激励导向作用,激发广大科研人员的积极性、主动性和创造性,鼓励多出成果、快出成果、出好成果,推动科技成果加快向现实生产力转化。2019年《关于强化知识产权保护的意见》明确要求,加大侵权假冒行为惩戒力度、严格规范证据标准、强化案件执行措施、完善新业态新领域保护制度,对中国进一步加强知识产权保护作出全面部署。

(五)支持创新基地和平台建设政策

《国务院办公厅关于强化企业技术创新主体地位全面提升企业创新能力的意见》(国办发〔2013〕8号)提出,统筹发挥市场配置资源的基础性作用和政府的引导支持作用,以深入实施国家技术创新工程为重要抓手,建立健全企业主导产业技术研发创新的体制机制,促进创新要素向企业集聚，增强企业创新能力，加快科技成果转化和产业化。为落实《关于深化中央财政科技计划（专项、基金等）管理改革的方案》中国家科研基地优化整合的任务要求，解决现有基地之间交叉重复、定位不够清晰的问题，进一步推进国家科技创新基地建设，科技部、财政部、国家发改委联合发布《国家科技创新基地优化整合方案》（国科发基〔2017〕250号），提出国家科技创新基地按照科学与工程研究、技术创新与成果转化、基础支撑与条件保障三类布局建设。随后，科技部、国家发改委、财政部印发《"十三五"国家科技创新基地与条件保障能力建设专项规划》（国科发基〔2017〕322号）。

支持企业建立研发机构。引导企业围绕市场需求和长远发展，建立研发机构，健全组织技术研发、产品创新、科技成果转化的机制，大幅度提高大中型工业企业建立研发机构的比例。在明确定位和标准的基础上，引导企业建设国家重点实验室，围绕产业战略需求开展基础研究。在行业骨干企业中建设一批国家工程（技术）研究中心、国家工程实验室，支持企业开展技术成果工程化研究。加强国家认定企业技术中心和技术创新示范企业工作。对企业国家重点实验室、国家工程（技术）研究中心、国家认定的企业技术中心以及科技类民办非企业单位，依据相关规定给予进口科技开发用品或科教用品的税收优惠政策。对民办科研机构等新型研发组织，在承担国家科技任务、人才引进等方面与同类公办科研机构实行一视同仁的支持政策。

支持企业推进重大科技成果产业化。建立健全按产业发展重大需求部署创新链的科研运行机制和政策导向，推进新技术、新材料、新工艺、新模式、高端装备等的集成应用，实施国家高技术产业化示范项目、国家科技成果转化引导基金、国家重大科技成果转化项目、国家文化科技创新工程等，大力培育发展战略性新兴产业。组织实施用户示范工程，采取政策引导、鼓励社会资本投入等方式，促进科技成果推广应用，运用高新技术改造提升传统产业。依托国家自主创新示范区、国家高新技术产业开发区、国家创新型（试点）城市、国家高技术产业基地、国家新型工业化示范基地、信息化与工业化融合示范区、国家农业科技园区、国家级文化和科技融合示范基地、国家现代服务业产业化基地等，完善技术转移和产业化服务体系，吸引企业在区内设立研发机构，集聚高端人才，培育发展创新型产业集群。

以企业为主导发展产业技术创新战略联盟。支持行业骨干企业与科研院所、高等学校签订战略合作协议，建立联合开发、优势互补、成果共享、风险共担的产学研用合作机制，组建产业技术创新战略联盟。支持联盟按规定承担产业技术研发创新重大项目，制定技术标准，编制产业技术路线图，构建联盟技术研发、专利共享和成果转化推广的平台及机制。积极探索依托符合条件的联盟成员单位建设国家重点实验室。深入开展联盟试点，加强对联盟的分类指导和监督评估。围绕培育发展战略性新兴产业，结合实施国家科技重大专项，通过联盟研发重大创新产品，掌握核心关键技术，构建产业链。围绕改造提升传统产业，通过联盟开展共性技术攻关，解决制约产业升级的重大制造装备、关键零部件、基础原材料、基础工艺及高端分析检测仪器设备等难题。围绕发展现代服务业，通过联盟加强技术创新、商业模式创新和管理创新，培育现代服务业新业态。

依托转制院所和行业领军企业构建产业共性技术研发基地。针对重点行业和技术领域特点和需求，在钢铁、有色金属、装备制造、建材、纺织、煤炭、电力、油气、新能源与可再生能源、电子信息、生物医药、化工、轻工、现代农业、现代服务业等产业，依托骨干转制院所、行业特色高等学校和行业领军企业，通过体制机制创新，整合相关科研资源，推动建设一批产业共性技术研发基地，加强共性技术研发和成果推广扩散。对产业共性技术研发基地的运行管理、技术扩散服务的绩效实行定期评价。

强化科研院所和高等学校对企业技术创新的源头支持。鼓励科研院所和高等学校与企业共建研发机构，共建学科专业，实施合作项目，加强对企业技术创新的理论、基础和前沿先导技术支持。实施卓越工程师教育培养等计划，推行产学研合作教育模式和"双导师"制，鼓励高等学校和企业联合制定人才培养标准，共同建设课程体系和教学内容，共同实施培养过程，共同评价培养质量。推动科研院所、高等学校面向市场转移科技成果，有条件的科研院所、高等学校应建立专业技术转移机构和技术成果供需平台。完善落实股权、期权激励和奖励等收益分配政策，以及事业单位国有资产处置收益政策和人事考核评价制度，鼓励科研院所、高等学校科技人员转化科技成果。

推动科技资源开放共享。健全科技资源开放共享制度，深入开展全国科技资源调查，促进科技资源优化配置和高效利用。建立健全科研院所、高等学校、企业的科研设施和仪器设备等科技资源向社会开放的合理运行机制。加大国家重点实验室、国家工程实验室、国家工程（技术）研究中心、大型科学仪器中心、分析测试中心等向企业开放服务的力度，将资源开放共享情况作为其运行绩效考核的重要指标。加强对国家科技基础条件平台开放服务工作的绩效评价和奖励补助，积极引导其对企业开展专题服务。加强区域性科研设备协作，提高对企业技术创新的支撑服务能力。

（六）创新人才队伍建设政策

企业要创新，人才是关键，高素质的创新型人才是企业实现自主创新的智力保障。2011年7月，科技部、人力资源和社会保障部等七部门联合发布了《国家中长期科技人才发展规划（2010—2020年）》，提出了要造就一支具有原始创新能力的科学家队伍、重点建设优秀科技创新团队、造就一支具有国际竞争力的工程技术人才队伍、支持和培养一批中青年科技创新领军人才、重点扶持一批科技创新创业人才、重视建设科技管理与科技服务业和科普等人才队伍等。

一是加强创新人才培养。2007年1月，科技部下发了《关于在重大项目实施中加强创新人才培养的暂行办法》，提出要通过重大项目的实施培养具有创新意识和创新能力的各类人才。同年8月，教育部、国家发改委等七部门联合出台了《关于进一步加强国家重点领域紧缺人才培养工作的意见》，提出要优先支持农业、林业、水利、气象、地质、矿业、石油天然气、核工业、软件、微电子、动漫、现代服务业等重点公益、基础研究和前沿技术领域以及新型产业的紧缺人才培养。2010年4月，教育部和科技部联合下发了《高校学生科技创业实习基地认定办法（试行）》，以加强和规范高校学生科技创业实习基地的建设、运行和管理，进一步发挥高新技术产业开发区、大学科技园等园区在创新创业人才培养，以创业带动就业、促进区域经济发展方面的作用。《关于开展企业新型学徒制试点工作的通知》（人社厅发〔2015〕127号）指出，对开展学徒制培训的企业按照规定给予职业培训补贴。

二是加强创新人才引进。一方面是加强对高校毕业生的引进。2010年，科技部、教育部和财政部联合印发了《关于进一步加强科研项目吸纳高校毕业生就业有关工作的通知》。另一方面是加强对海外人才的引进。2013年12月发布的《关于支持留学人员回国创业意见》提出，有条件的地区可为留学人员回国创办企业提供一定数量的创业启动资金，并为领军型回国创业留学人员及其创业团队成员提供一定数额的安家费或租房补贴；可设立政府创新投资引导基金，引导和鼓励国有企业、私营企业、外资企业、社会团体等参与创业投资实业，为留学人员回国创业扩宽融资渠道。

三是加强创新人才激励。2007年的《关于企业实行自主创新激励分配制度的若干意见》指出，企业可实行自主创新激励分配制度，特别是对技术成果完成人进行奖励股权、技术奖励或分成等手段，激发企业职工的积极性。2016年，中共中央印发的《关于深化人才发展体制机制改革的意见》（中发〔2016〕9号）提出，要深化人才发展体制机制改革，加快建设人才强国，最大限度激发人才创新创造创业活力；通过完善科研人员收入分配政策，依法赋予创新领军人才更大的人财物支配权、技术路线决定权,实行以增加知识价值为导向的激励机制。完善市场评价要素贡献并按贡献分配的机制;探索高校、科研院所担任领导职务科技人才获得现金与股权激励管理办法。

(七)促进科技成果转移转化政策

2016年2月,国务院《关于印发实施〈中华人民共和国促进科技成果转化法〉若干规定的通知》指出,鼓励企业建立健全成果转化的激励分配机制,充分利用股权出售、股权奖励、股票期权、项目收益分红、岗位分工等方式激励科技人员开展科技成果转化。2016年国务院办公厅印发的《促进科技成果转移转化行动方案》指出,要强化科技成果中试熟化,支持地方围绕区域特色产业发展、中小企业技术创新需求,建设通用性或行业共性技术创新服务平台,提供从实验研究、中试熟化到生产过程所需的仪器设备、中试生产线等资源,开展研发设计、检验检测认证、科技咨询、技术标准、知识产权、投融资服务等。

第五节 中国企业创新政策存在的问题及建议

近年来,为提升企业自主创新能力,建设以企业为主体、产学研结合的技术创新体系,中国制定了包括财政直接投入或补贴、税收优惠扶持、知识产权保护、技术管理要素参与分配、科技奖励、政府采购等多项措施,大大加快了企业创新步伐。但总体而言,中国企业创新政策是建立在"跟跑"和"赶超"阶段的制度安排,以鼓励技术跟踪模仿、设备引进的数量扩张和规模扩张为主,已经不能完全适应"并跑""领跑"阶段企业对原始创新、竞争前技术的需求[1]。中国头部企业较少,

---

[1] 朱焕焕、陈志:《关于完善新时期我国企业创新政策的几点思考》,《科技中国》2019年第12期。

缺乏掌握平台技术、核心技术的"单项冠军",企业尚未完全成为创新的主体等问题依然存在。究其原因,与当前中国企业创新政策供给与需求之间的不匹配、政策制定缺乏国际化视野、企业创新政策政出多门、政策缺乏协调性和连续性、政策制定不能满足技术发展需要、政策执行效果不尽如人意等问题密切相关。

一 中国企业创新政策存在的主要问题

(一) 企业创新政策的供给与需求之间不匹配

科研方向与市场需求脱钩,科研成果无法转化为有效的市场供给。当前中国大部分科研项目在立项阶段没有进行充分的市场调研,缺乏问题导向和市场意识,企业创新政策目标与任务设定等仍以政府为主,企业在研发方向和技术路线图中缺乏自主权,导致科研成果与市场需求脱钩,很多科技成果被"束之高阁",无法转化为有效的市场供给。

创新政策制定存在一定的滞后性,不能满足日新月异的技术创新发展。随着新一轮技术革命和产业变革的风起云涌,新产业、新产品、新业态、新模式不断涌现,当前中国企业创新政策已经不能满足技术日新月异环境下企业快速开展创新的需求。以共享经济为例,它是一种新的经济模式,更能满足人们生活化便捷的需求,但同时由于各种外在条件的限制,共享经济发展还面临诸多阻碍因素,如政府监管缺位、相关法律法规滞后、国家基础设施薄弱等。

(二) 企业创新政策激励不足,创新还没有成为企业生存和发展的第一需求

数据显示,中国大中型企业中设有研发机构的占70%左右,但有研发活动的却不足20%,一些地方规模以上企业中有研发活动的甚至不足10%。企业研发的费用占营业收入的比例不到2%,而对比主要的

发达国家，这一比例为 2.5% 至 4%①。究其原因，创新还没有成为企业生存和发展的第一需求：一方面，要素价格改革滞后，传统发展"红利"尚存。当前部分生产要素和重要资源价格不能反映和体现成本及稀缺性，企业依靠增加要素投入获得规模收益的粗放发展模式尚未走到尽头。尤其是对于央企和国企，特别是拥有市场支配地位的大型国企而言，由于缺乏足够的替代性竞争压力，企业普遍感受不到强烈的生存压力和发展压力，市场支配地位足以保证其获得丰厚的资本回报，创新意愿不强。另一方面，经济结构失衡，创新要素脱实向虚。当前中国实体经济增长乏力，企业的逐利性导致更多资本脱实向虚，投向盈利水平更高的房地产和金融领域，抑制了企业的创新动力。一项对国资委监管的101家央企主营业务的统计显示，有近一半央企把金融投资或服务列入业务板块②。对606家A股科技类上市公司的梳理发现，2018年涉足房地产投资的科技上市公司多达275家，相比5年前的134家，足足增加了1倍多③。

（三）企业创新政策手段单一且多为大水漫灌，政策缺乏精准性

当前，中国对企业创新的财政扶持资金主要投向比较成熟的技术，而较少投向市场前景好、尚未成熟的技术。资金大多属于事后补贴，且数额较小，对大部分企业而言只是杯水车薪，更多的是一种激励和鼓励的象征作用。同时由于政府政策宣传力度不够，企业不知情，加上申请手续烦琐，审批时间长，政策效果不尽如人意。

（四）企业创新政策政出多门，政策之间缺乏协同

改革开放以来有60多个政府职能部门先后参与过创新政策制定，参与制定机构有不断增多之势。有学者通过对1978—2014年企业创新

---

① 屠远：《以企业为主体的技术创新体系建设研究》，《现代经济信息》2018年第4期。
② 贾国强、曹煦：《避免"脱实向虚" 聚力主业发展：央企产融结合得失考》，《中国经济周刊》2017年第30期。
③ 贾国强：《哪些科技类上市公司在做房地产?》，《中国经济周刊》2018年第43期。

政策梳理发现，参与政策制定部门数随时间推移不断增加，联合出台政策的机构数有随时间推移增长之势。其中科技部作为创新的主要部门，颁布相关政策最多（197次），独立制定的有68项，与财政部（122次）、国家税务总局（70次）、国家发改委（85次）、海关总署（24次）和对外贸易与经济合作部（40次）等合作颁布了一系列政策[①]。由于科技部拥有较少经济资源和行政权力，创新政策执行必须依靠政府经济职能机构；政府经济职能机构为了保持其有利地位也愿意在企业创新政策制定中拥有话语权，通过创新主体的力量巩固其优势地位。机构改革使政府职能部门间的权力博弈更加激烈，企业创新政策政出多门、交叉重复、相互矛盾、缺乏连贯性成为常态，成为制约中国企业创新能力提升和经济社会高质量发展的负面因素。

（五）企业创新政策被"过度"依赖或曲解，政策执行效果不尽如人意

一方面，中国企业对政策的依赖依然较大，企业创新缺乏动力。以中兴通讯为例，2008年至2017年，其累计获得政府补贴和退税218亿元，而同一期间其净利润仅有160亿元，巨额的财政补贴使企业缺乏创新的内驱力，至今未研发出小小的芯片，缺乏核心竞争力。另一方面，许多政策在执行过程中并不能得到百分之百的贯彻和执行，导致很多政策最终效果不尽如人意。突出表现在一些部门、区域或单位由于局部利益问题而导致的"上有政策、下有对策"，使部分创新政策在实际中被曲解或"束之高阁"。以新能源汽车产业发展为例，为贯彻落实国务院关于培育战略性新兴产业和加强节能减排工作的部署和要求，中央财政安排专项资金，支持开展私人购买新能源汽车补贴。财政补贴为中国新能源汽车发展提供了巨大的支持。2009年，中国新能源汽车产量不足300辆，但从2015年起，中国已成长为全球最大的新能源汽车市场。但某些车企利

[①] 李志军：《企业创新政策体系特征、问题及建议》，《新经济导刊》2016年第7期。

用政策漏洞，虚构新能源汽车生产销售业务，非法获得"补贴"。根据审计署审计报告，抽查发现一些汽车产销企业采用自产自购、供应电池回购整车等手段获取政府补贴 16.72 亿元，多家车企榜上有名。

二 完善中国企业创新政策的思路与建议

（一）坚持竞争中性和所有制中性，突出企业创新政策的普惠性和公平性

一是坚持政企分开，逐步取消国有企业行政级别。建立市场化导向的选人用人机制，推进国有企业领导人员"去行政化"。二是坚持淡化所有制属性，消除行业垄断。以法律的形式赋予国企、外企和私企等不同类型企业平等的"国民待遇"，切实放宽民营资本和外商投资准入门槛，实现公平竞争。三是完善要素市场，加快要素价格体制改革，让要素价格充分反映稀缺程度和市场价值。

（二）加强企业技术创新规律研究，增强技术创新政策前瞻性和连续性

企业技术创新有其自身的规律性和特殊性，政府要深入研究中国企业技术创新的特点和规律，从创新源头、创新动力、创新能力和创新过程等诸多环节入手科学选择政策重点和设计合理的政策工具以解决市场失灵与系统失效的问题。

（三）针对企业全生命周期的不同阶段，提升政策精准性

由于企业各阶段创新特征不同，对政府有不同的政策需求。创业期、成长期和成熟期的风险由大到小依次递减，需要政策扶持类型和力度也有所不同，创业期最急需的有技术创新政策（扶持技术创新源、促进科技成果转移转化）和科技金融政策（扶持和发展天使投资、创业基金或补贴、政府购买等）。成长期最急需的有科技金融政策（贷款贴息、信用担保、信贷风险补偿、扶持科技保险、降低所得税等）、人才

支持政策（留住、招揽和激励高技术人才，多层次、多类型人才的培养和引进等）。而成熟期企业风险相对最小，需求主要集中在创新环境方面，如加强知识产权保护，开拓国际化市场，促进信息公开等，为企业营造公平、开放的创新环境①。

（四）加强企业创新政策与国际规则的衔接

一方面，尽量减少使用直接性财政刺激政策。当前，中国支持企业科技创新的政策仍倾向于利用财政计划来激励企业创新，如科技计划、高新企业认定以及专利申请补贴等。这些直接的财政刺激政策容易扭曲市场行为，同时也易遭受国际非议。中国应更多地引入市场机制，将创新补贴的分配更多的交由市场本身来决定，并充分发挥行业协会等非政府组织的辅助作用。另一方面，要逐步增强科技创新政策开放性及竞争性。中国当前的科技计划及其他创新投入计划基本没有对外实行开放，但在美国等发达国家，政府的研发基金项目是可以允许外方参加的。跨国公司和外资企业对中国科技创新的促进作用不容忽视，应充分认识并有效利用，有约束地放开一些优惠政策，减少对外国主体的限制。这样不仅可避免外国对中国科技创新政策不必要的非议，而且可有效促进市场竞争，优化资源配置，提高研发效益。

（五）完善政策制定与落实的评价和调整机制，提高政策扶持的精准性

一是明晰不同行业、不同发展阶段企业的特点，灵活运用税收优惠、绩效奖励、政府补贴、加计抵扣、消费贷款等"组合拳"，提升政策效果。二是建立市场导向的创新路线，建立高层次、常态化的企业技术创新对话、咨询制度，完善企业政策需求表达和反馈通道，吸收更多

---

① 成海燕、徐治立、杨洋：《科技企业发展阶段的创新特征及政策需求——基于企业生命发展周期理论视角》，《科技管理研究》2017年第12期。

企业参与研究制定国家技术创新规划、计划、政策和标准，提高相关专家咨询组中产业专家和企业家的比重。三是建立健全政府科技创新项目的第三方评估机制，解决部分评审机构和专家舞弊、失职问题，增强政府科研项目评审、验收等环节的客观性、公正性。

第八章

总结与展望

第一节 中国企业创新之路的特点

一 处于不同产业生命周期的企业创新重点不同

从案例研究中,我们可以看到企业创新的重点与其所处产业的发展阶段有关。在新兴产业发展初期,颠覆性创新或突破性创新层出不穷,而这些创新一般是以技术创新为开端的,因此,企业通常以科技创新为主,凭借技术创新能力,进入新兴产业领域,也就是传统意义上的技术推动型创新。例如,比亚迪在电池技术的领先优势延伸到新能源汽车产品,特斯拉通过电池管理系统、智能管理系统等方面的科技创新成为电动汽车产业化的引领者。到了产业快速发展期,产业的主导设计基本定型,市场创新或服务创新成为企业创新的重点,新产品数量快速增长。在此阶段,技术创新仍然是创新的重要内容,但是该阶段的技术创新属于市场拉动型。到了产业成熟期,市场增长缓慢,价格竞争成为产业竞争的主要方式,通过组织创新、流程创新等提高企业的运营效率,降低综合成本成为处于产业成熟期企业的主要选择。例如,海尔所在的白色家电产业已经处于成熟期，海尔更注重通过组织创新来提升企业运营效率，包括技术创新的效率。

二 知识密集型产业以技术创新和服务创新为主

知识密集型的服务业通过技术创新提高服务化程度。为知识的生产、储备、使用和扩散提供服务的知识密集型服务业显著依赖于专门领域的专业性知识、专业化设备和专业化技术。知识密集型服务业像"创新的代理商"，通过知识的传递与客户共同创新，从而提升创新的"吸收能力"。定制化服务需要企业以互联网和大数据平台为基础，客户的个性需求融入服务设计和制造过程，技术创新必须是核心和先导，才能开辟新的服务内容和过程以实现服务创新。以个人基因测序服务为例，定制化的基因测序，既需要技术创新实现基因测序技术更新迭代，也是服务创新由面向科研的测序服务开拓到面向个人的测序服务的过程。

三 科技创新与非科技创新的互动具有动态性和阶段性

不同企业所处的发展阶段不同，面临的主要问题和主要矛盾也不一样，这些问题和矛盾的本身决定了企业在不同阶段创新的重点不同，科技创新与非科技创新在解决企业问题和缓解矛盾中发挥的作用不同，因此，在企业不同历史时期创新的主要内容有所侧重。从国内外知名企业的发展过程中可以看到不同创新内容在企业发展不同时期的交替变化。例如，中兴在1985—1992年的初创阶段，以交换机研发为主的技术创新是创新的主导模式；在1993—1996年，当产权问题成为阻碍企业发展的主要矛盾时，则开启以产权改革为核心的管理创新；1997年到2003年的市场爆发式增长期，则实施了积极的市场创新战略，使企业规模迅速做大。同样，新兴互联网企业阿里巴巴，在企业发展初期通过创建交易平台和提供第三方支付，向企业和消费者提供创新性服务赢得了市场，成为领军企业。但是当平台规模持续扩大后，需要处理的数据量急剧增加，特别是在"双十一"这种短时间内处理海量数据的时候，原有的数据处理技术已经不能支撑这种服务创新，技术创新则成为重点，Oceanbase 数据库、异地多活等原创性技术不但提升了阿里巴巴交易平台的服务质量[①]，而且使阿里巴巴成为云计算领域的领先者。由此，我们认为，当企业非技术创新到达一定阶段，不进行技术创新，非技术创新也将不再具有竞争力和生命力，企业不能进一步跃升到更高阶的状态。

四 脱离了科技创新，其他创新无法保证企业的长期竞争力

如何维持短期竞争盈利能力和长期发展之间的平衡是企业经营和发展面临的永恒难题。从企业当期生存或短期的发展看，为了解决最迫切的现实的问题和主要矛盾，创新重点可能落在非科技创新方面，但是从长期发展来看，科技创新才是创造企业长期竞争力的保障。一方面，企业知识增长有积累性，创新能力形成具有内生性，技术创新能力的提升具有连续性，因此当科技创新变为企业主要发展瓶颈的时候，不是短期内能够补充和实现的，科技创新需要持续不断地推进。另一方面，非科技创新，例如营销创新有助于企业快速获得市场成功，但其被同行学习和复制的难度较低，很快将失去独特的竞争优势。如果企业长期过度关注非科技创新，被短期竞争利益诱导而忽视培育核心技术能力，将对长期竞争能力提升带来损害。从长远看，忽视长期的技术创新规划、研发投入和技术储备，往往将导致企业在产业和市场发生大变革的时候迅速衰落。

---

① 张梅：《那些支撑"双十一"狂欢的技术创新》，http://www.cac.gov.cn/2015－11/18/c_1117178150.htm，2015 年 11 月 18 日。

第二节　中国企业创新进入新阶段

与改革开放之初相比，中国已经建立了较为完整的产业配套体系，形成了强大的生产制造能力，拥有规模庞大且亟待消费升级的本土市场，科研水平也得到大幅提升。中国的科技、产业和经济水平已经今非昔比，中国企业创新的外部影响因素发生变迁（见表8-1），创新能力也站在新的起点，创新道路也将逐步转变。

表 8-1　　　　　　　中国企业创新外部影响因素的变迁

影响因素	改革开放之初	现在
生产要素	低成本劳动力丰富 资本缺乏 资源丰富 技术水平低，处于跟跑阶段	劳动力成本提高 资本供给充足 资源环境约束增强 技术水平提高，处于并跑和领跑阶段
需求因素	低收入人口众多	中产阶层崛起，消费升级 产业转型升级
相关产业	完整的产业体系尚未建立	已经形成完整的工业体系
产业组织与竞争	开放程度低，国内竞争为主 国有经济为主 第三次全球产业转移	开放程度高，全球化竞争 民营经济比重越来越高 第四次全球产业转移
制度与政策	计划经济向市场经济过渡 "市场换技术"	市场经济 实施创新驱动发展战略
机遇	国际产业转移	新一轮科技和工业革命正在孕育

一是新的治国理念为企业创新创造新环境。创新是实现中华民族伟大复兴的中国梦的革命性力量和有力杠杆，创新已经成为中国治国理政的重要组成部分，居于新发展理念之首。当前，中国已经把创新摆在国

家发展全局的核心位置，大力实施创新驱动发展战略，围绕世界科技强国的战略目标提出了一系列新举措，各种层面和行业的创新政策不断出台，为"中国式创新"创造了新条件和新环境。

二是中国科技与经济的发展对企业创新提出新要求。中国企业特色创新之路是与中国整体发展阶段相适应的，随着中国科技和经济发展水平的提升，"中国式创新"也将逐渐变化。其一，中国的后发优势逐渐减少，技术引进的边际效益越来越低，难度越来越大；其二，产业"补课"过程已经完成，产业技术体系已经建立，通过科技创新向产业链和价值链高端环节攀升是产业转型升级的关键；其三，改革开放释放的生产要素和市场空间的红利逐渐消失，原来"赚快钱"的机会逐渐减少。因此，前沿科技的应用和创新在未来中国创新活动中所占的比重将越来越高。

三是新一轮科技和产业革命为企业创新转型提供新机遇。历次科技革命和产业革命都是前沿科技和"从 0 到 1"的颠覆性创新集中涌现的阶段。作为后发国家，中国错过了前几轮科技和产业革命的机遇，过去的"中国式创新"更多是在既定的技术轨道进行"从 1 到 N"的连续性创新。正在孕育的新一轮科技和产业革命为中国参与前沿科技创新提供机会，也为"中国式创新"路径和模式的转变提供了新机遇。

四是中国企业积累了开展前沿科技创新的能力，并在实践中转型。技术能力，特别是前沿科技创新能力的形成并非一蹴而就，需要长期的不断实践和积累。当今世界科技强国美国也经历了这样的过程，在美国建国最初的 100 多年里，创新的主要方式是把欧洲的先进技术引入美国并实现商业化，直到第二次世界大战之后，美国才通过大力支持基础研究和前沿性重大技术研发，实现了向原始创新转变。目前，中国与发达国家在技术创新方面的差距逐渐缩小，很多中国企业已经完成了开展前沿科技创新的技术、资本和人才的积累和储备，逐步从追赶走向前沿。

例如，华为已经凭借科技创新成为信息通信产业的全球领导企业，并开始了在"无人区"的探索；百度已在人工智能领域进行布局，在国内进行无人驾驶汽车路测，并在北京和硅谷等地建立深度学习和人工智能等方面的实验室。

第三节 中国企业创新未来路径展望

经过多年发展，影响中国企业创新的要素禀赋和环境条件发生了变化，人口红利逐渐消失，劳动力、土地等要素成本快速上升、环境和资源压力加大，原有的企业竞争优势逐渐减弱，新旧企业和产业竞争力转换迫在眉睫，依靠中国特色创新的转型与升级重塑企业竞争新优势成为必然。

路径一：科技创新创造高级生产要素，企业创新路径从规模扩张到价值攫取

在要素利用方式不变的条件下，非技术劳动力、自然资源等初级生产要素投入积累到达一定阶段，投入的边际产出或回报率开始递减，企业竞争力将停滞不前或倒退。要持续推动企业竞争力提升，就必须提高先进技术、高端人才等可创造的高级生产要素投入的比重，同时通过全面创新创造投入产出效率更高的生产要素和条件组合，塑造竞争新优势，为经济增长提供源源不断的新动能。

未来路径二：紧扣市场需求特质的创新仍将是市场竞争力提升的关键

需求规模仍是中国企业竞争的重要优势来源，在规模的基础上，提升高端市场的竞争力是企业发展的必然方向。一方面，进一步发挥贴近和了解本土市场的优势,抓住国内消费升级和工业设备需求升级的机遇,从偏重以低价为主的性价比竞争,转向更加注重以高质为主的创新。另一方面,专注海外市场的特殊需求进行创新,拓展海外市场,提升海外市场竞争力。例如深圳传音手机凭借着超高的性价比和出色的本地化策略在非洲市场占据了高达40%的市场份额,传音手机最大的优势是针对非洲人的肤色和特点,通过眼睛、牙齿定位,并进行曝光补偿,在照相功能上形成差异化竞争优势[①]。

未来路径三:勇于攀登,进一步提升在全球产业分工格局中的话语权

随着中国逐渐从产业链的低端环节走向高端环节,从技术链的后端环节走向前端环节,参与全球产业分工与竞争的焦点发生变化,同时,目前全球进入第四次产业转移时期,与前三次由经济先发国家向落后国家或地区的单向转移不同,这次转移还包括了欧美国家高端制造业的回流,中国企业创新面临"高不成、低不就"的断档风险。在此背景下,短期内中国企业新竞争优势的确立仍需要根植于已经具有竞争优势的产业和环节,一方面通过创新深耕挖潜,另一方面沿着产业链条和技术链条不断向高端攀登。同时,中国广大区域仍然要利用创新巩固中低端产业和创新优势,科技资源密集、经济发达地区则需要参与前沿技术创新和产业高端环节的争夺,要通过创新掌握关键核心技术、主导产业或技术国际标准制定,向高端要效益。

未来路径四:抓住产业革命机遇,提升正向创新和原始创新能力

历次科技革命和产业革命都是原始性创新发生的机会窗口期,也是从基础研究到应用研究到实现商业化和产业化的正向创新集中涌现的阶段。中国目前工业竞争力基本上是以前几次产业革命形成的成熟技术路

---

① 陈维:《解码中国手机海外生意经:群雄圈地印度 传音主导非洲》,http://finance.sina.com.cn/stock/t/2017-01-20/doc-ifxzutkf2075822.shtml,2017年1月20日。

线为基础建立的，要抢占未来经济和产业发展的制高点，需要抓住新一轮科技和产业革命的机遇，重视与加强基础研究，建立与前沿科技研究、正向创新和原始性创新规律相适应的政策体系和产业基础能力，塑造正向创新和原始创新的新优势。

参考文献

Arthur R. Kroeber, *China's Economy: What Everyone Needs to Know*, London: Oxford University Press, 2016.

Kirsten Bound, Tom Saunders, James Wilsdon and Jonathan Adams, *China's Absorptive State: research, innovation and the prospects for China – UK collaboration*, NESTA, 2013.

Mark Dodgson, David M. Gann, Nelson Philips, *The Oxford Handbook of Innovation Management*, New York: Oxford University Press, 2014.

安志：《面向企业的政府创新激励政策效应研究》，博士学位论文，南京大学，2019年。

比亚迪股份有限公司：《2011年年度报告》，2012年3月。

比亚迪股份有限公司：《2012年年度报告》，2013年3月。

比亚迪股份有限公司：《2013年年度报告》，2014年3月。

比亚迪股份有限公司：《2014年年度报告》，2015年3月。

比亚迪股份有限公司：《2015年年度报告》，2016年3月。

比亚迪股份有限公司：《2016年年度报告》，2017年3月。

比亚迪股份有限公司：《2017年年度报告》，2018年3月。

比亚迪股份有限公司：《2018年年度报告》，2019年3月。

比亚迪股份有限公司：首次公开发行A股股份招股说明书，2011年6月。

曹洪靓：《沈阳新松机器人自动化股份有限公司发展战略研究》，硕士学位论文，武汉工程大学，2015年。

陈劲、尹西明：《中广核：整合式创新铸就中国制造"国家名片"》，《企业管理》2019年第5期。

陈梦阳、韩洁、叶前：《四大怪相折射中国制造业之痛》，http：//www.cs.com.cn/xwzx/hg/201503/t20150315_4664155.html，2015年3月14日。

陈素萍：《基于要素角度的双重商业模式创新——以永辉超市为例》，《物流工程与管理》2017年第2期。

陈维：《解码中国手机海外生意经：群雄圈地印度 传音主导非洲》，http：//finance.sina.com.cn/stock/t/2017-01-20/doc-ifxzutkf2075822.shtml，2017年1月20日。

陈新豪：《国有企业限制性股票激励、员工跟投与战略转型》，硕士学位论文，北京交通大学，2019年。

成海燕、徐治立、杨洋：《科技企业发展阶段的创新特征及政策需求——基于企业生命发展周期理论视角》，《科技管理研究》2017年第12期。

费倩文：《比亚迪中小运量单轨"云轨"正式通车：耗资50亿元》，https：//www.donews.com/net/201610/2940466.shtm，2016年10月13日。

费雪：《2020年，比亚迪的机遇与挑战》，https：//www.chinaventure.com.cn/news/80-20200120-351976.html，2020年1月20日。

甘尖兵：《药明康德一体化发展战略研究》，《当代经济》2016年第33期。

葛海燕、周洁如：《基于新零售的永辉超市商业模式创新研究》，《上海管理科学》2018年第5期。

郭淼、王伟、柴安东：《解码中国式创新：中国高铁"加速度"》，

http：//news.ifeng.com/a/20160813/49770453_0.shtml，2016年8月13日。

郭腾江：《比亚迪公司新能源汽车竞争优势和基本竞争战略研究》，硕士学位论文，华东理工大学，2014年。

哈佛商业评论杂志社：《比亚迪：先人一步的秘密》，《哈佛商业评论》2017年第8期。

洪银兴：《市场化导向的政府和市场关系改革40年》，《政治经济学评论》2018年第6期。

黄阳：《比亚迪E平台技术解析：33111分别指什么？》，https：//www.sohu.com/a/301494233_100302690，2019年3月15日。

江积海：《后发企业知识传导与新产品开发的路径及其机制——比亚迪汽车公司的案例研究》，《科学学研究》2010年第4期。

蒋城先：《从产品引领者到产业引领者 王传福布下百年大局》，http：//auto.ifeng.com/c/7s6GSntpGrh，2019年12月3日。

经济合作与发展组织、中华人民共和国科学技术部：《中国创新政策述评（Ⅱ）》，《科学观察》2009年第2期。

李伟、祝运海：《案例｜比亚迪实力能否撑起野心？》，https：//www.sohu.com/a/254308624_688230，2018年9月17日。

李垣：《中国企业创新40年发展》，《商讯》2018年第4期。

李志军：《企业创新政策体系特征、问题及建议》，《新经济导刊》2016年第7期。

联合国工业发展组织：《中高技术制造业增加值占制造业增加值的比重》，http：//www.unido.org/data1/Statistics/Research/cip.html，2017年3月1日。

廉玉波：《比亚迪高级副总裁廉玉波：新能源汽车往哪开？》，https：//www.sohu.com/a/196507310_123145，2017年10月6日。

廉玉波：《比亚迪通过开发F3形成了自己的方法和流程》，http：//

auto. sina. com. cn/news/2007 - 09 - 06/0933307806. shtml，2007 年 9 月 6 日。

刘丹阳：《中概股回归动因及效果分析——以药明康德为例》，《中国管理信息化》2019 年第 20 期。

刘家洋：《比亚迪新能源汽车创新生态系统发展模式与机制研究》，硕士学位论文，哈尔滨理工大学，2016 年。

刘凯、张朋朋：《药明康德：打造新药研发赋能平台》，《企业管理》2020 年第 2 期。

刘晓宁：《机会窗口、构架创新与战略绩效——后发企业跨越式发展纵向案例研究》，硕士学位论文，内蒙古大学，2017 年。

刘泽霖：《新松机器人：从商业模式创新看制造业转型升级》，《中国工业评论》2017 年第 4 期。

卢晨阳：《全球价值链分工体系下我国出口价值含量研究——基于增加值贸易核算方法》，《价格理论与实践》2016 年第 3 期。

马也、赵晖：《揭秘苹果背后顶级代工企业：起底郭台铭和他的鸿海帝国》，http：//www. ocn. com. cn/touzi/201609/etcyh14142726. shtml，2016 年 9 月 14 日。

麦肯锡全球研究院：《中国创新的全球效应》，研究报告，麦肯锡公司，2016 年。

欧阳明高：《电池安全技术是电动汽车革命性突破的第一关键》，https：//www. gg - lb. com/asdisp2 - 65b095fb - 34553 - html，2018 年 9 月 21 日。

齐向宇：《人才地图里走来了机器人——对话新松机器人股份有限公司董事长曲道奎》，《人力资源》2015 年第 11 期。

齐严、司亚静、吴利红：《数字技术革命背景下零售业商业模式创新研究》，《管理世界》2017 年第 12 期。

任明静：《比亚迪 E 平台已成为新能源平台化独角兽》，http：//

beijing. auto. sohu. com/20180511/n537395266. shtml，2018 年 5 月 11 日。

上海市浦东新区科技和经济委员会：《被工业链拖住的中国工业机器人》，http://www.pudong.gov.cn/shpd/department/20190328/0190100 05_a3fd3c05-3c2a-4ba2-a05a-70c3ff1b80cd.htm，2019 年 3 月 28 日。

沈阳新松机器人自动化股份有限公司：《2009 年年度报告》，2010 年 2 月。

沈阳新松机器人自动化股份有限公司：《2010 年年度报告》，2011 年 3 月。

沈阳新松机器人自动化股份有限公司：《2011 年年度报告》，2011 年 2 月。

沈阳新松机器人自动化股份有限公司：《2012 年年度报告》，2013 年 4 月。

沈阳新松机器人自动化股份有限公司：《2013 年年度报告》，2014 年 4 月。

沈阳新松机器人自动化股份有限公司：《2014 年年度报告》，2015 年 4 月。

沈阳新松机器人自动化股份有限公司：《2015 年年度报告》，2016 年 3 月。

沈阳新松机器人自动化股份有限公司：《2016 年年度报告》，2017 年 3 月。

沈阳新松机器人自动化股份有限公司：《2017 年年度报告》，2018 年 3 月。

沈阳新松机器人自动化股份有限公司：《2018 年年度报告》，2019 年 3 月。

沈阳新松机器人自动化股份有限公司：首次公开发行股票并在创业板上市招股说明书，2009 年 9 月。

搜狐汽车：《专利数和强度均居榜首，比亚迪国内车企中研发最强》，https://www.sohu.com/a/211948987_629444，2017 年 12 月 21 日。

苏楠、陈志：《"中国式创新"的特点、影响因素与趋势研究》，《机电产品开发与创新》2017 年第 1 期。

田馨竹：《新零售背景下连锁生鲜超市的商业模式分析——以永辉超市为例》，《环渤海经济瞭望》2019 年第 9 期。

屠远：《以企业为主体的技术创新体系建设研究》，《现代经济信息》2018 年第 4 期。

王传福：《智能化的基础是电动化》，https://www.sohu.com/a/

260304323_430289，2018年10月18日。

王洪泉：《比亚迪新能源汽车战略分析》，硕士学位论文，天津大学，2012年。

王鸿鹏、马娜：《中国机器人》，辽宁人民出版社2017年版。

无锡药明康德新药开发股份有限公司：2018年年度报告，2019年3月。

吴贵生：《自主创新战略和国家竞争力研究》，经济科学出版社2011年版。

吴敬琏：《我国的产业政策：不是存废，而是转型》，《中国流通经济》2017年第11期。

吴玥滢：《CRO企业的盈利模式研究》，硕士学位论文，广东外语外贸大学，2019年。

杨梦：《机器人成"长"记——新松机器人公司集成创新模式案例研究》，硕士学位论文，东北大学，2016年。

姚东、庄胜春：《解码中国式创新：计算机里的博尔特》，http：//finance.sina.com.cn/roll/2016－08－18/doc－ifxvctcc7917831.shtml，2016年8月18日。

殷雄：《中广核：从跟跑到并跑的创新发展之路（上）》，《经济导刊》2019年第4期。

殷雄：《中广核：从跟跑到并跑的创新发展之路（下）》，《经济导刊》2019年第5期。

尹向东、赵泉午：《零售企业超市业态的创新模式研究——以商社集团和永辉超市为例》，《物流技术》2011年第30期。

永辉超市股份有限公司：2010年年度报告，2011年3月。

永辉超市股份有限公司：2011年年度报告，2012年4月。

永辉超市股份有限公司：2012年年度报告，2013年3月。

永辉超市股份有限公司：2013年年度报告，2014年2月。

永辉超市股份有限公司：2014年年度报告，2015年4月。

永辉超市股份有限公司：2015年年度报告，2016年4月。

永辉超市股份有限公司：2016年年度报告，2017年3月。

永辉超市股份有限公司：2017年年度报告，2018年3月。

永辉超市股份有限公司：2018年年度报告，2019年4月。

余欣婷：《核心技术欠缺创新力度不够,18岁的新松该走出舒适区了》,https://new.qq.com/omn/20181205/20181205A0HDAZ.html，2018年12月5日。

云洁：《我国新能源汽车产业发展概况及问题与思考》,《上海节能》2012年第2期。

张赤东：《企业创新政策体系与使用指南》,知识产权出版社2017年版。

张梅：《那些支撑"双十一"狂欢的技术创新》,http://www.cac.gov.cn/2015-11/18/c_1117178150.htm，2015年11月18日。

张文君：《毁誉参半 中国品牌历史系列之比亚迪》,https://www.auto-home.com.cn/culture/201311/658444.html，2013年11月13日。

曾辉：《顶尖车企需要中国技术,比亚迪联合丰田开发纯电动车》,https://m.zhitongcaijing.com/mip/content/detail/221566.html，2019年7月19日。

曾明、[英]彼得·J.威廉姆斯：《龙行天下》,机械工业出版社2008年版。

郑锦辉：《药明康德：私有化融资"全景"》,《中国外汇》2018年第12期。

郑毅、刘军：《复杂产品一体化架构与创新绩效——基于新松机器人公司的案例研究》,《管理案例研究与评论》2019年第3期。

中国科学技术发展战略研究院课题组：《从"引进来"到"走出去"：中广核的中国特色企业创新道路》,调研报告,中国科学技术发展战略研究院，2018年。

中国式管理研究团队：《中国式企业管理科学基础研究总报告》,机械工业出版社2013年版。

中英经济文化促进会:《"中国式创新"在国际好评如潮!吴晓波解析"走向世界舞台的中国式创新"》,https://www.sohu.com/a/116188343_488396,2016年10月14日。

朱宏任:《迈向卓越的中广核》,《企业管理》2019年第6期。

朱焕焕、陈志:《关于完善新时期我国企业创新政策的几点思考》,《科技中国》2019年第12期。

祝运海:《比亚迪遇到了什么难题?》,《中国经营报》2018年8月18日,第6—7版。

后　记

　　企业是微观经济的主体，也是创新的主体。改革开放以来中国取得的伟大成就，与中国企业独特的创新模式是分不开的。本书试图去总结所谓"中国式创新"的规律与特点，从典型企业的创新实践前瞻未来发展道路，并为未来创新政策的科学化、精准化提供启示。

　　本研究得到科技部科技创新战略研究专项《企业以科技创新为核心的全面创新发展案例研究》的支持。陈志设计了主要研究框架，主要分工如下：第一章陈志、苏楠；第二章陈志；第三章苏楠；第四章苏楠；第五章徐海龙；第六章徐海龙；第七章朱焕焕；第八章苏楠。陈志、苏楠最后进行了审定。

　　在本书的写作过程中，中国科学技术发展战略研究院诸位领导和同事给予了具体指导和帮助。由于涉及资料众多，参考文献未及一一列出，谨表歉意。由于时间和水平有限，工作还不完善，一些见解还比较粗浅，希望大家批评指正。

陈志
2020 年 1 月